WORKING REMOTELY:
SECRETS TO SUCCESS FOR EMPLOYEES ON DISTRIBUTED TEAMS

TERESA DOUGLAS / HOLLY GORDON / MIKE WEBBER

リモートワーク・ビギナーズ

不安を取り除くための7つのヒント

REMOTE

テレサ・ダグラス／ホリー・ゴードン／マイク・ウェバー［著］　上田勢子［訳］

明石書店

日本の読者のみなさんへ

この本が日本で翻訳出版されると知って、私たちは大変喜んでいます。自分の著書が世界に通用することを望まない著者はいませんが、日本は私たち著者チームにとって、特別な思いのあるところです。著者の一人のマイクには、英語教師として働きながら何年も日本で暮らした経験があります。この本を通して再び日本の皆さんに（リモートワークについて）伝えられることはマイクにとって格別な喜びです。

本書を有効利用していただくために、西洋式の考え方は必要ありません。ここに述べたアドバイスは普遍的なものです。リモートワーカーとして成功するためには、献身と根気が必要です。特にワークライフとホームライフをはっきり分けることが習慣になっている人にとっては、なおさらです。日本で長年暮らした経験から、マイクは、日本には献身的で努力を惜しまない人たちが多くいると確信しています。日本の皆さんがリモートワークで成功することを著者一同、楽しみにしています。さあ、一緒にやってみましょう！

テレサ、ホリー、マイク

献辞

　この本の出版に際し、発案から出版までたくさんの方々に助けていただきました。謹んでお礼を申し上げます。このプロジェクトの発案者のジム・シェヴリンさん、私たち著者を参加させてくださってありがとうございました。執筆と編集に多大な時間を捧げてくれたロラ・ディスパーテさん。休暇を返上して、私たちの文章を本としてふさわしいように編集してくれたポーラ・フレミングさん。ケイトリン・デュークさんは出版まぎわに参加してくれて、短期間に囲みコメントの執筆や整理・編集・アドバイスをしてくれました。彼女なしでは締め切りに間に合わなかったことでしょう。

　カプラン社のすべての同僚たち――元同僚も今の同僚も――、コメントやアドバイスや個人の体験を寄せてくれてありがとう。コリン・サイモン、イブラヒム・フセイン、クリスティン・テレル、ドゥルー・チオッティ、ボビー・アミレブラヒミ、ブライアン・セイベル、エヴァン・ゴーガン、レイ・チャンピオン、ウォーカー・ウィリアムズ、ジュリー・ミニック、メラニー・マッケイ、ジェン・フリーマン、ヨ・ジュー・チョイ、クリスティン・ロビンソン、サーシャ・ストレルカ、クリッシー・ダマスコ、エル・マステンブルック、ダスティン・セモ、パトリック・リーガン、ケイト・ミッツキス、メロディ・ヤング、ケイティ・スタンフィールド、あなた方の体験のおかげで、この本を本当に「働く人による働く人のための本」にすることができました。

　750 Publishing のみなさんは、快く、そしてときに柔軟に、この本を育て、陽の目を見させてくれました。心より感謝いたします。

リモートワーク・ビギナーズ——不安を取り除くための7つのヒント　目次

Chapter 7 マネジャーのためのヒント

はじめに

2010年真夏のある日、マネジャーから奇妙な電話をもらいました。その日の午後4時に、他の社員に聞かれずに自由に話せる場所で待機するようにと言うのです。なんだか謎めいていて、不安にもなりましたが、何より好奇心をかき立てられました。

その日、かなり参加人数の多い電話会議《カンファレンスコール》にアクセスすると、なんと、日頃から憧れている私の部署のCEOがプレゼンターをしているではありませんか。「秘密を守れないようなら、この会議からすぐに出て行くように」こんな刺激的な第一声で会議が始まりました。それから1時間の間に、教育業界で世界を牽引するわがカプランテストプレップ社のビジネスモデルをすっかり転換させるための詳細かつ大胆な計画が説明されました。

2010年11月3日（あの夏の日の電話からわずか数ヵ月後）には、アメリカ合衆国、カナダ、ヨーロッパに170ヵ所のオフィスを持つ歴史と実績を誇るカプラン社が、社員のほぼ90%が在宅勤務のバーチャル主流の会社へと舵を切ったのです〔訳注：2020年8月現在、30ヵ国に1万2000人の社員が従事〕。表面的にはこれまでと変わらず学生たちへのサービスを提供し続けながら、内側の組織構造はすっかり変わっていたのです。

――ジム・シェヴリン

これがこの本を書くことになった背景です。２０１０年のある日、70年の歴史を持つ業界リーダーのカプラン社が、完全なリモートワークを取り入れたまったく新しい構造の組織へと移行したのです。この過激な改革から学んだことを、後にまとめたのがこの本です。これは働く人による働く人のための本です。本書は働く側の視点で書いたリモートワークの本です。

伝統的なオフィスからリモートワークへの移行で私たちが学んだ多くの事柄について詳しく述べてあります。自宅で、（図書館、カフェ、南の島でさえも）働くことのできるこの素晴らしいリモートワーク・ワールドへの入り方、楽しみ方、成功する秘訣などについて読者の皆さんへお伝えできればと願っています。

この本ではリモートワークの実際面について、率直にそして正直に述べるよう努めました。またリモートワークの精神面での苦労についても述べています。中でも特に重要なのは、リモートワークの組織で働くことによって、感情面や心理面で起こる、これまでになかった問題にどう対処するかです。

この本の主な目的はリモートワーク・チームをどう管理するかではありません。それは少なくとも直接の目的ではありません。今あるリモートワークに関する本の多くがテーマとしているのは、タイトルからも明白なように、様々なレベルにおける管理《マネジメント》の難しさについてです。本書は特にリモートワーカーの管理について書かれたものではありませんが、リモートワーカーの立場から述べられた事柄はマネジャーにとっても大変役に立つはずです。リモートワーカーを管理するためには、リモートワーカーを理解しなくてはなりませんから。

実際、最後の章はマネジャーに向けて書かれたものです。最後の章をすっかり理解するためには、それ以前の章で述べたことを理解していただくことが必須です。出版のための調査で得た最大の発見は、少なくとも今日までは、リモートワーカーの考えや気持ちにはほとんど注意が払われてこなかったということです。リモートワーカーの心理についてはめったに語られることがなかったのです。

しかし、当然のことながらリモートワーカーはたった一人で多くの困難に立ち向かわなくてはなりません。こうしたリモートワークの体験にとって避けて通ることのできない心理面に焦点を当てるべきだと感じるようになりました。精神面を理解することによってのみ、リモートワークの実際面や機能面を理解することができるのです。

本書の著者は、カプラン社の急進的なリモートワークへの移行を生き抜いた社員たちです。経験を分かち合うことを厭わない多くの優秀な人たちが体験した現実を文章にしました。これからリモートワークをする人たちのために、リモートワークの現実とあるべき姿を描き出すことができれば幸いです。

リモートワーカーによるリモートワーカーのための旅を、さっそく始めましょう。

Chapter 1

意識づくりのためのヒント

従来のオフィス勤務からリモートワークに移行するには、様々な変更が必要になりますが、その中で最も意外なのは、心理的な調整かもしれません。物理的に快適な仕事場を整えなくてはならないということはすでに多くの人が知っていますが、このセクションでは、それを精神的にも快適なスペースにすることを考えていきます。

新しい環境に慣れましょう

あなたにとって、リモート環境で働くことはまったく新しい経験かもしれません。リモートで働くことと従来のオフィス環境で働くことには多くの類似点がありますが、違いもたくさんあります。リモートで働く場合は、会社の文化を理解したり、コミットした仕事の成果を上げたりといった面で、より多くの責任が働く人にかかってきます。

あなたは自分が働いている会社について、実際に何を知っていますか？　入社時に、どんなことを調べましたか？　その会社の株式が公開されている場合、証券取引所でその会社の業績を調べましたか？　インターネットで、会社名と、「好き」「いい会社」「辞めたい」などのキーワードを組み合わせて検索してみましたか？

会社と雇用契約を結ぶ前に、こうした調査を行うことで、職の安定性や、面接官から与えられる情報の背景もよく分かるようになります。終身雇用の時代は終わりました。最も優秀な人は、大体いくつもの会社で働いた経験を持っているものです。ですから、自分のキャリアをコントロールしていくために、就職先を調査するというプロセスが非常に重要なのです。

多くの場合、この調査は——もし調査をしたとしても——内定が出た時点で終了してしまいます。短期的にはそれでもいいでしょう。面接は成功し、あなたは新しい仕事を得たのですから。もしその仕事を受ける前にこうした大切な調査をしたのであれば、おそらくあなたはその会社についてすでに十分な知識があり、自分の決断や、その新しい仕事が自分の長期的な目標に合ったものであることが分かって安心しているでしょう。

しかしそれでも、あなたが本当にその会社について十分に分かっているとは言えません。たぶんこれから数年の間は会社が潰れることはなさそうだと分かっていても、あなたがすぐにかかわることになる部署の内部事情や、上司の人柄や、仕事のやり方を教えてくれるはずの同僚が、どうしてあなたに冷たい態度を見せているのか、といったことについては、まったく見当がついていないでしょう。

従来のオフィス環境では、会社の歴史や企業文化について多くのことが徐々に分かってくるものです。例えば、隣の間仕切り型オフィス《キュービクル》〔訳注：以下、デスクと表記〕の会話を耳にしたり、コピー室に向かう途中で会った同僚にどうしてそんなにイライラしているのかと尋ねたりすることができます。ランチタイムも、最近社内で起きた変化の裏話を知る絶好の機会です。こうした話はゴシップへと発展してしまうこともありますが、社内のできごとや、その背景についてすぐ理解できるようになるというメリットがあります。

しかし、リモートワークの場合は、そのような本質的な知識を手に入れることは、はるかに困難です。最終的には分かるようになりますが、会社の歴史や、社内の力関係（だれが主要プレーヤーでだれがそうでないのか？）といった全体像が把握できた頃には、かなりの時間——バーチャルではない仕事環境の場合よりも長い時間——が経過しているでしょう。しかし、リモートワークの新入社員であっても、それほど長く待たされたり苦労をしたりする必要はありません。解決のカギは行動を起こすことです。

会社が社歴をまとめた資料を提供してくれるのなら、それは社員を大切にしていることの素晴らしい表れだと言えます。もし社歴をもらえなかったり、もらったとしてもそれがせいぜい表面的なものであったら、自分で調べてみましょう。会社やあなたの部署の組織構造に関する最近の変化の概要を尋ねてみましょう。またあなたの新しいポジションに関係のある人事異動の背景についても聞いてみましょう。こうした要求をすることは、リモートワークで成功するための準備に大きくかかわってきます。

このような知識がなければ、どのようにして職務を遂行し、同僚や部署の中でどう立ち回ればよいのかを、ただ推測するしかなくなります。リスクはそれだけではありません。後の章でも説明するように、リモートワークではネットワーキングを、従来の職場より、ずっと早く始めなくてはなりません。

過去から現在までの組織の状況が分かれば、すぐにキャリア計画を立て始めることができます。また、あなたが入社するより以前に、なんらかのできごとによって生じた落とし穴があったとしても、それを回避することができるでしょう。

新人研修《オンボーディング》の最中なら、あなたの職務や部署がいつからリモートになったか、会社の歴史を説明したビデオやマニュアル、その他の資料があるかどうかを人事部に尋ねてみましょう。新人研修中でなくても、あるいは人事部が資料を持っていない場合でも、他の方法で情報が得られるかもしれません。

周囲の人に、どのようにして今の仕事に採用されたのか、いつ入社したのか、など軽く尋ねてみることもできます。こうした活動で、最近の会社の歴史が見えてくるだけでなく、ネットワークを構築するのにも役立ちます。

――テレサ・ダグラス

リモートチームの一員として成功するカギは知識と信頼です。会社と契約する前にあなたが何をすることになるのかを知りましょう。そして会社に入ってからも、何をすべきなのかを知ることです。

雇用者と被雇用者の間には一定の基本的な信頼が必要ですが、リモートワークでは、こうした信頼を構築するのは、かなり困難になります。その違いを知り、リモートワークのダイナミクスを受け入れることが、リモートワーカーであるあなたに求められています。あなたの会社は自由と責任を与えてくれましたが、あなたはそれをチャンスだと思うだけでなく、そこに潜む落とし穴についても理解することが必要です。

リモートワークを始めると分かるように、リモートワークの世界では、日々あなたの自主性が高まり、ワークとライフをよりうまくブレンドできるようになり、以前は想像もできなかったような方法で仕事をこなせるようになります。これらの可能性にはどれもワクワクさせられます。

率直に言えば、在宅でこうしたことが本当にうまくできるかどうかは、時が経たなければ分かりません。リモートワークには、多くの誘惑がつきものですから自律心が必要です。また、契約時に雇用者が何を求めていたのかを考えて自己管理をし、雇用者と被雇用者の両方の視点で日々のすべての決断を見極めていくことが求められます。

リモートワークを始めるまでは、会社があなたにどれほど大きな信頼を寄せているか、なかなか分からないかもしれません。そして、その信頼の意味を理解するためには、あなたの側にも、大きな努力と考慮が必要だということにも、なかなか気づかないかもしれません。リモートワークを始めてからは（あるいは続ける際には）、定期的に自問自答し、自分がそのチャレンジに応えられているか、義務を果たしているかどうかを判断しなければなりません。

リモートワークに同意した人が、責任を無視して日々を過ごし、当然のことながらついには解雇されてしまったという話は、決して珍しいものではありません。同様に、信頼関係が不可欠なリモートワークにおいて、すべてのマネジャーが成功するわけではありません。信頼の欠如は、しばしばマネジャーの過干渉を引き起こし、最終的にはリモートワーカーの退職や解雇につながることがあります。しかしこうした例は、リモートワークがどうであるかではなく、個人レベルの話です。

しかし、そうでないリモートワーカーもたくさんいます。彼らは仕事の義務をすべて適切に果たした上で、リモートワークの融通性を利用して、より豊かな生活を送っています。例えば、マラソン大会に出るためにトレーニングをしたり、子育てに時間を使ったり、人生のもう一つの夢を実現したりするリモートワーカーもいます。リモートワークの柔軟性なしには、実現できなかったことかもしれません。

社員が職場勤務から離れると、会社が過剰にコントロールし始めることがよくあります。また、リモートワーカーが新しいコミュニケーションパターンや流れに順応していく過程で、初めのうちは、まるで自分が（リモートワークを）外から眺めているように感じることもあります。マネジャーや同僚とオープンに正直に話し合って、新しい世界に足を踏み入れるときの、こうしたあやふやな気持ちに対処しましょう。

会社はあなたに能力と実力があり、自律心を持っていることを全面的に評価しています。このチャンスをつかみましょう。そして契約で決められた仕事を遂行しましょう。会社が設定したシステムの中で、あなたが特別なリモートワーカーであるという存在を示し、その結果として得られる利益を享受しましょう。

より仕事がしやすい環境をつくりましょう

あなたはどんなワーカーですか？　給料がよければどんな仕事でもいいと思いますか？　経

済的な利益に関係なく、特定の分野の楽しめる仕事を求めますか？　夕方や週末を完全に自由に過ごせるような仕事がよいでしょうか？　リモートワークを始める前に、こうした質問を自分にしてみることが大切です。なぜなら、リモートの環境になれば、あなたはきっと、これまで以上に長時間、仕事をするようになりますから。

リモートワークは、外から見ると自由な時間が多いと思われるので、なかなかその概念を理解してもらえないかもしれません。あなたを見張る上司もいないし、同僚からのちょっとした邪魔もありません。クライアントが質問をしにオフィスを訪れることもありません。周囲の雑音も少なくなります。

しかしだからといって、実際には、自由な時間が増えるわけではありません。リモートワークに適したタイプの人にとって、外からの妨げが減ることは、純粋に仕事に没頭できる時間が丸々8時間できるということです。職場勤務では驚くほど多くの時間が、当然のように発生するランダムな中断に費やされています。したがって、そういった中断が取り除かれれば、あとには仕事の時間だけが残ります。もちろん在宅勤務には他の妨げがありますが、一般的な予想に反して、在宅勤務＝仕事時間が増えることだと理解しておくことが重要です。

あなたの新しい仕事場について考えてみましょう。まず、タスクを達成するために椅子から立ち上がることが少なくなります。廊下の向こうに文房具を取りに行ったり、コピー室に行って書類を印刷する必要もありません。リモートワークでは、プリントアウトした書類は、ほぼ必要とされないからです。もし印刷する必要がある場合でも、通常プリンターは、あなたのすぐそばにあるでしょう。

従来のオフィスでは、ほんの数分の用事であっても、その途中で同僚や上司に会ったりすると、はるかに長い時間がかかってしまいます。デスクを離れること、例えば休憩室でコーヒーを飲んだり、上司の提案を聞いたり、会議室に向かったりということは、すべて仕事の妨げになり得るのです。しかし、リモートワークの仕事環境では、こうした動作のほとんどは、マウスを1~2回クリックするだけで済ませることができます。

もう一つの大きな違いは、在宅勤務では、家庭生活と仕事を切り離すことが難しくなることです。仕事をするために、外の世界の別の建物に出かけていく必要はもうありません。あなたのすぐそばに仕事があるのです。すると仕事と生活の切り替えが難しくなり、仕事を早く始めたり、遅くまで続けたり、週末に仕事をしたりするといったことが起こりやすくなります。「これは待てる仕事だから今やらなくてもいい」と自分に言い聞かせることが困難になります。なぜなら、コンピューターがすぐ目の前にあるので、文字通り待たなくてもよくなるからです。

このような環境でより多くの仕事をする傾向は、必ずしも悪いことではありません。しかし、仕事からちょうどいい満足感と、ワークライフの調和を得るためには、慎重な認識と自己管理が必要になります。結局、働き方がもっと自由になるのですから、そのことを大いに利用すればいいのです。

一日のルーティンに定期的な休憩時間を取り入れる計画を立てましょう。アラームをセットして立ち上がってストレッチをしたり、近くのコーヒーショップに歩いて行ったり、趣味の工芸をしたりすることを忘れないようにしましょう。どんなアクティビティでもよいので、何しろ定期的に休憩を取ることが重要です。一日の中の10分程度の休憩時間に何か好きなことができると分かっているだけで、満足で生産的な仕事を続けることができます。

リモートで仕事をする場合、自分とノートパソコンの居場所が仕事場なのです。このため、従来のオフィスで人との距離感が重要なのと同じくらい、リモートワークではテクノロジーとの間に境界線を引くことが大切だということが分かりました。例えば、私は仕事のメールが携帯電話に直接入らないようにしています。個人的な用事は携帯電話で、そして仕事はノートパソコンで、というふうに決めています。ノートパソコンを閉じると仕事モードをオフにしたと感じられます。そして一日の終わりにコンピューターをシャットダウンすれば、緊急時以外は連絡がつかないということを明確に伝えられます。――クリスティン・テレル自分がリモートワークに何を求めているかを知れば、どのくらい仕事をすれば満足なのかの基本レベルを決めることができます。より多く仕事をするようになること、そしてそれはよい機会でもあることを認識しましょう。従来のオフィスほど妨害が入らずに、刺激的な仕事に完全に没頭できる機会です。効率的な方法で素早く、同僚やクライアントを助けられることも大きな満足感になります。ギリギリ生活していくために週40時間の職場勤務をするよりも、もっと大きなものをリモートワークはもたらしてくれるのです。

同時に、これは賢く使うべき両刃の剣でもあることを認識してください。燃え尽きてしまわないように、自分のために休憩時間を確保し、限度を決めましょう。より多くの仕事をし、そしてその恩恵を受ける準備を整えて、リモートワークの世界に大きな視野を持って入っていきましょう。

友人や家族の反応にどう対応しますか？

在宅ワークを始めて1ヵ月たった頃から、日中に母から電話がかかってくるようになりました。最初は心配でした。私と母は遠くアメリカの東西に離れて住んでいるので、仕事中に電話がかかってくるということは、何か重大なことが起きたことを意味していました。

だれかが交通事故に遭ったり病気になったりしたのではないか。急いで航空券を手配したり、入院した親戚に電話しなくてはならないのではないか、と思ったのです。でもそのときの母からの電話はそのようなものではありませんでした。母は私が近くにいなくて寂しくて、私が在宅勤務になったのでおしゃべりする時間がもっとできただろうと思ったのです。仕事中であることをやんわり伝えても、電話を切るまでに45分もかかってしまうし、翌日には母はもうすっかり忘れて、気が向くとまた電話をかけてくるようになりました。私は、仕事中に電話に出ないことが唯一の解決策であると考えました。母が留守電に残したメッセージをすぐに聞いて、即座に電話をかけ直す必要があるかどうかを判断しました。緊急でなければ、メモしておいて夕方に時間ができてから電話を返すようにしたのです。徐々に日中の電話はなくなって、以前のように、仕事が終わった後で話をするようになりました。

――テレサ・ダグラス

人が実際にどんな仕事をしているかは、他の人には分かりません。例えば、警察官、看護師、建設作業員といった、学校で教わるような従来の仕事については、よく理解できます。しかし、そういった仕事であっても、本当にどんなことが起きているのかを知るのは困難でしょう。警察官はいつ書類を提出するのでしょうか？　看護師の一日のルーティンは？　建設作業員はずっと立って待機しているように見えるけど、実際はどんなことをしているのでしょうか？　それが、損害賠償解決員や地域営業部長となると、日々何をしているのかさっぱり分かりません。リモートワーカーの場合は、その混乱は10倍にもなります。役職名がなんであっても、リモートワーカーというものに対しては、友人や家族や、同僚さえもが混乱を抱きます。その中へ、あなたも足を踏み入れたのです！

家とは休むところです。子どもを育て、週末には家事をし、テレビを見てくつろぐ場所でもあります。そこに仕事が加わるから、ややこしくなるのです。たとえあなたが家の中の決められた場所で仕事をしていても、それは同じです。

リモートワークをしている本人にとっても把握するのが難しいのに、他の人に、仕事と仕事でないこととの境界線を理解してもらうのは至難の業です。友人や家族が混乱や疑問を持つことは十分に理解できます。幸いなことに、こうした混乱や質問に対応するのは、難しいことではありません。質問やコメントを予測して、先手を打つか、少なくとも通常の質問や誤解に対応できるように準備しておくことです。

多くの人は、自宅で仕事をする人は自営業なので、自分で時間を決めて、好きなだけ多く、あるいは少なく働けばいいのだろうと思い込んでいます。リモートチームで働くことは、労働時間にたいていの場合は柔軟性があるとしても、多くの人が想像するような極端なことではありません。毎日達成しなければならないタスクがいくつかあること、そして、タスクの中には動かせるものもありますが、遅れを取り戻すために夜遅くまで働くことを余儀なくされる場合もあるのだということを周囲に説明してください。

もう一つのよくある誤解は、在宅勤務をしていると知人に言うと、「失業中なんだ」と思われてしまうことです。日常のルーティンを少し詳しく説明すれば、とりあえずは分かってもらえますが、正当な雇用状態だと主張し続けなくてはならないことに、あなたはうんざりしてしまうでしょう。「信じて！　本当よ！　誓って私には仕事があるんだから！」失業しているに違いないという思い込みに似た次のようなリアクションもあります。「自宅で働けるなんて、そんな楽な仕事ができるあなたは、なんてラッキーなの！」

こんなことを言うのは嫉妬の裏返しです。先述のように、日々の仕事のルーティンを明らかにすることで納得する人もいますが、こうした思い込みをする人（失業中だと推定する人も）との闘いには苦戦するかもしれません。

友人が仕事の状況を理解してくれないとイライラすることもありますが、必ずしもしっかり議論して説得する必要はありません。しかしそれが家族となると、よりデリケートな問題になります。一緒に住んでいる連れ合いや子どもたちには、在宅勤務の本当の意味を理解してもらう必要があります。同時に、家族に完全な理解を求めるのは無理かもしれないと思って、忍耐を持って対応することも必要です。なぜあなたが日中に家事や宿題の手伝いができないかを即座に家族に理解してもらおうとしても、トラブルを招くだけです。

もちろん逆の場合もあります。リモートワークでは、スケジュールを調整して、30分の昼休みの間に部屋に掃除機をかけることもできます。夜に1時間、仕事のメールをチェックする代わりに、午後の1時間を息子の宿題の手助けに使うこともできます。しかし、家族が多くの柔軟性を期待してくれれば、衝突が起きる場合もあるでしょう。

もめごとや誤った期待を最小限に抑えるために、事前に基本的なルールを決めておくことが大切です。仕事場と仕事の時間をあらかじめ設定しておきましょう。例えば、仕事部屋のドアが閉まっているときはだれも入らないこと、ネクタイをしている間は仕事中だということ、午前10時になったら仕事を開始すること、などのように決めておきましょう。一緒に住んでいる人からの期待について事前に話し合っておけば、家族との関係が失望と不満に陥ることを避けられます。

つまりは、準備をすることです。リモートで仕事をしない人は、それがどんなものかを完全に理解することはできないし、それでもいいのです。警察官になることがどんなものか、おそらくあなたに分からないのと同じです。しかし、準備をしておけば、あなたが遭遇するであろう様々な状況に対処できるようになります。多くの友人や家族から受けるリモートワークの誤解を経験することによって、あなたも、建設作業員の平均的な一日について、もっと理解できるようになるかもしれません。これは、おまけのメリットですね。

孤立感を克服しましょう

リモートワークは孤独な体験です。本書でお伝えする秘訣をすべて理解しても、それでも、あなたは多かれ少なかれ孤独感を持つことでしょう。そしてこの孤独感というものは、人間の精神に、はっきりと、あるいは暗に、影響を与えてくるものです。

リモートワークでは、デスクに立ち寄って友人とおしゃべりしたり、エレベーターの中で同僚や上司に偶然出くわしたりすることで、単純な喜びを感じることができません。どんな内向的な人でも、束の間の、人との些細な交流を必要とすることがあるのです。

リモートワークにおいては決断しなくてはならないことがたくさんあって、最も勤勉で頭が整理されている人でもその量に圧倒されることがあります。自分ほど一生懸命に働いている社員はいないと思ったり、優秀なチームは自分のチームだけだと考えてしまうこともあります。

全体像を見失うことも、そもそも初めから全体像など把握できていなかったと思うこともあるでしょう。ビジネスユニットやプロセスが突然変更になって驚くこともあるかもしれません。

在宅勤務をしている人すべてがこのような極端な感情を経験するわけではありませんが、強烈に感じる人もいるでしょう。

そうした感情を乗り切る秘訣をお伝えしましょう。それは時にはリモートワークの孤独感に打ちのめされることがあるのだと、理解しておくことです。この心理的な危機に対処するための計画を今から立てておきましょう。もしそんな危機が訪れても、対処法がないと、物事が暗転し始めたときに、感情センサーを使って危機を調整することができません。

困難な時に頼れるサポートシステムを構築しておきましょう。経験豊富なリモートワーカーは、会社の内と外に、支えになる人脈とアクションを用意しています。社内の、判断に信頼のおける人に相談して、気持ちを発散したりアドバイスを求めたりするのもいいでしょう。物事がうまくいっている間に友情関係をつくっておけば、問題があるときにだれに相談すればよいかが分かります。

それから、自宅オフィスの外にも世界があることを思い出しましょう。ブッククラブやプロフェッショナルの集まりに参加したり、地元のパブや図書館で行われるイベントに顔を出してみるのもいいでしょう。地域の博物館のガイドをしたり、週末のボランティア活動をしたりするのもいいですね。子育てや趣味やペットなど、共通の興味のある人たちが集まるグループも、きっと見つかります。仲間を見つけるまでいろいろ試してみて、定期的に参加してみましょう。

私のチームでは、頻繁にリモートで一緒に働くことを楽しんでいます。一体感が得られて生産性も上がります。ある週に同じような仕事をすることが予想される場合は、グループ・ビデオ通話を計画して、話をしたり、いろいろなアイデアを出し合ったりして、同時に作業をするようにしています。

——ブライアン・サーベル

時には仕事場を物理的に変えてみることで、孤立感を回避することができます。近くの図書館やコーヒーショップで仕事をするのは効率的ではないかもしれませんが、他の人と同じ部屋にいるという意味で、社会とのつながりを感じられるかもしれません。毎週火曜日の午前中の2時間を図書館で過ごすことで、仕事への活力が保てるのなら、それはよい時間の過ごし方です。週末には、（Wi-Fiへのアクセスがある）新しい場所も試してみましょう。

生活環境や職務が許すのであれば、仕事の合間に何か習い事をするのもいいかもしれません。一日の途中に時間をつくって、ヨガや絵のクラスに参加することで、人と触れ合いたい気持ちが満たされるというリモートワーカーもいます。

それでも、危機的状況に陥ってしまった場合は、あわてて事を起こさないことです。深呼吸しましょう。友人や家族や他のリモートワーカーに相談しましょう。散歩をしてみましょう。キャリアを変える決断をする前に、一定の期間続けてみましょう。辞めることはいつでもできますが、一度辞めてしまうと、再び戻るのは非常に困難になります。だれもがリモートワークの世界に順応できるわけではありません。優秀な社員の中にも、在宅勤務が合わないと感じる人は多いのです。しかし、想定内の（そしてしばしば一過性の）感情の波に流されて、リモートワークを辞めるべきではありません。

あなたを支えてくれるネットワークを頼りに、苦しいときを乗り切りましょう。社内外の人やアクティビティの力を借りましょう。そして、リモートワークの楽しさと柔軟性をこれから先、何年も実感していってほしいのです。

同僚との交流で仕事への熱意を保ちましょう

同僚との交流は、リモートワークへの熱意を保ち続けるための不可欠な要素です。でも、モニターと、数百マイル（または数千マイル！）の距離で隔たれているのに、どうすれば交流ができるのでしょうか。リモートワークの職場で交流をするなんて、無理だと思うかもしれませんが、あらゆる情報とテクノロジーを利用することで、社交的な交流は非常に有益で楽しいものになります。今から、意図的な交流を始めましょう。

（従来のオフィスでは）会議室に行く途中でだれかのデスクの前を通ったり、給湯室で同僚にばったり会ったりといった些細なことで、同僚との強固な基盤を築くことができます。しかし、在宅勤務の場合、こうした偶然の出会いが自然に起きるわけではありません。意図的につくらなければならないのです。

まず同僚に挨拶するようにしましょう。あなたの会社がインスタントメッセージのプログラムを使用している場合は、定期的に状況確認《チェックイン》を行いましょう。従来の職場で、同僚に週末のできごとについて尋ねるように、同じことをインスタントメッセージでもしてみましょう。ほんの数分のやり取りですが、同僚との関係に大きな変化をもたらすことができます。通常の仕事以外に、こうした社交が構築されれば、一緒に仕事をするのがずっと楽しくなります。

また、グループメールにだれかの名前が挙がっているのを見たときにも、状況を確認しましょう。昇進やプロジェクトの成功や誕生日が、一斉メールで伝えられることがよくあります。時間をかけて、当事者に連絡してお祝いの言葉を伝えましょう。あなたがサポートを行うことには大きな効果があります。

チームが設定したすべてのコミュニケーション方法に積極的に参加してください。グループメールやグループチャットがあれば、参加しましょう。もしなければ、あなたが始めましょう。ちょっとした考えをいくつか提供することで、チームにあなたのことを知ってもらうことができるだけでなく、あなた自身もチームとのつながりを強く感じることができます。アイデアを共有することによって、プロジェクトにより打ち込んでいると感じられるし、満足感を持つこともできます。

ビデオもまた、同僚とつながるためのよい方法の一つです。ビデオを恐れることはありません。上半身がいつカメラに映ってもいいようにしておけば、瞬時に同僚と交流することができます。同僚のフレンドリーな顔を見ることで、士気が大いに上がることもあります。

ビデオで対面することには、配慮も必要です。ビデオチャットをしながら、メールをチェックしたり、家の中を歩き回ったり、犬に餌を与えたりすることはできません。こうして注意力を高めれば、仕事への熱意と同僚とのつながりを高めることができます。コミュニケーションにしっかり参加していることを示せば、あなたが相手のことを気にかけていることを示すのにも役立つし、同僚はあなたに重視されていると感じるでしょう。

同僚とのビデオチャットを効果的に活用する方法は他にもたくさんあります。グループでビデオ会議を計画すれば、一対一でビデオ対話をするのと同様のメリットが得られますし、グループで会話をする前向きな効果も得られます。このようなグループでの交流は、様々な方法、様々な目的で行うことができます。一緒に作業をする「ワークアロングセッション」は、創造的な開発を促進し、順調に、短時間でたくさんの仕事をこなすことができる最適な方法です。

従来の職場のワークアロングでは、ブレインストーミングや考えていることを発表し合うことに焦点が当てられます。オンラインのワークアロングでも同じことができますが、他にもメリットがあります。オンライン会議に出席し、そこに「座って」みんなと同じプロジェクトに取り組むことには、たとえタイプを打つ以外はほとんど無音であっても、信じられないほど効果があります。

全員が同じ空間で同じプロジェクトに取り組んでいることを知ることで、よりつながりを感じることができるだけでなく、会議の途中いつでもマイクを使って簡単な質問をすることができます。次に書くことのアイデアがほしいときや、次のステップについてだれかの意見を聞きたい場合も、チームが一緒に作業しているので助かります。ワークアロングが終わる頃には、グループとして大きな進歩が見られ、またみんなが時間と努力を共にしたことを祝い合うこともできます。

お祝いといえば、グループで達成したことや、チームメンバーの記念すべき人生のイベントを祝すことも、従来のオフィスと同じようにリモートでも行うことができます。チームがプロジェクトを成功させたら、みんなでビデオ通話で集まって祝いましょう。上層部のマネジャーにも参加してもらえば、そのプロジェクトにかかわっていた人々について知ってもらえるし、メンバーが初めてマネジャーに紹介されるよい機会になるかもしれません。

普段の勤務日やプロジェクト以外でも、グループビデオで連帯感を構築することができます。

仕事帰りに同僚とハッピーアワーに飲みに行くのと同じことが、バーチャルの世界でもできます。しかも、もっとメリットがあるのです。一人ひとりが自分の飲み物を持ってくるので安上がりだし、自宅のコンピューターの前に座っているので飲酒運転の危険もありません。それに酔って不愉快なやり取りが偶発することもないでしょう。

仕事以外の場所で直接会う機会があれば、個人レベルでお互いを知るメリットになります。そして仕事でも仕事の外でも人間関係を改善しより強いつながりを築くことができます。それにリラックスして本来の自分にもなれます。こうしたことは従来のオフィス環境では当たり前のように思われていましたが、オンラインでも同じことができるのです。

実際、使用するソフトウェアによっては、オンラインでのやり取りの方がより楽しくなることもあります。例えば、ビデオプログラムの中には、あなたの姿の後ろにおもしろい背景を加えたり、ゲームを一緒にしたりすることができるものもあります。同僚と物理的に同じスペースにいないからといって、一緒に楽しめないわけではありません。

リモートワークで一体感を築くには少し余分の努力が必要ですが、従来のオフィスと同じように、同僚との交流は効果的で必要なものです。何かアクティビティが提案されたら参加しましょう。自分でアクティビティを考案してもいいでしょう。次第に、オンラインによる交流が習慣となって、対面で話すのと同じように自然に感じられるようになるでしょう。

Chapter 2

内外の環境を整えるためのヒント

リモートワークなら自分でオフィスのレイアウトをすることができます。他人が設計したレイアウトに甘んじることはないのです。自分に合うスペースを設定するときに考慮すべき点をいくつか挙げましょう。

快適に仕事をしましょう

1週間に一度は仕事の場所を変えるようにしています。生産性が上がるし、たくさんの選択肢から一番快適な環境を選べるからです。天気のよい日は何時間か外で過ごしたり、近くのコーヒーショップに出かけたりします。景色が変わると新鮮な気持ちになってやる気が保たれます。家の中で別の場所に移るだけでも効果的です。一日の終わりに差しかかり、やるべき最後のタスクをまとめる際は、仕事場をソファに移すこともできるのです。

――エヴァン・ゴーガン

リモートワークについて、最も過小評価されていることの一つが時間とコストの節約です。従来のオフィスへの通勤時間を例に考えてみましょう。片道30分、一日一往復の通勤で、一年間の平均出勤日数を240日とすると、年間、約240時間にも上ります。これは6週間の勤務時間を通勤だけに費やすことと同じです。

金銭的なコスト（車のガソリン代、公共交通機関の料金など）もあります。それに、悪天候、あおり運転、交通事故などが加わると、通勤時間は一日の中で最もストレスの多い時間になるかもしれません。通勤に使う時間を取り戻せることは、多くのリモートワーカーにとってとても貴重です。

在宅勤務のもう一つの利点は、洋服代の節約です。制服のある会社や、ビジネスカジュアルを取り入れている会社も多くなっていますが、リモートワークでは、より服装の自由が得られます。もちろん、いつでもビデオ通話ができるように身だしなみを整えておく必要がありますが、ポロシャツにジーンズとスリッパでもOKなのです。

ブレザーを用意しておいて、いつでもさっとTシャツの上に羽織れるようにしている人もいます。あなたの同僚からは肩から上しか見えませんから、あなたが同じ（洗濯済みの！）シャツを繰り返し着ていてもかまいません。

もちろん、仕事に行く服装に着替えるのは、一日のルーティンとしても、仕事のマインドセットに切り替えるためにも有意義ですが、リモートワークなら、あなた自身に基準を決める融通性が与えられるのです。週に数時間しか着ないスーツのジャケットは長持ちします。ワードローブを維持するために、年間、ひいては生涯に購入する衣服の量が減って、さらなる節約につながります。

ランチタイムも、リモートワーカーがかなりの時間とお金を節約できる機会です。職場勤務では、昼食はお弁当持参か外食かの二つしか選択肢がありません。お弁当を用意するのには、計画と時間が必要なだけでなく、お弁当を持って行くことを忘れないようにしなくてはなりません。外食する場合は、時間に追われながら、予算に合うリーズナブルな昼食を探し、それでも仕事からの「休息」をなんとか楽しもうとしなくてはなりません。

自宅で仕事をすることは、もう決してカウンターの上のお弁当を忘れることはないということです。冷蔵庫やキッチンを自由に使えるので、食事の健康面と栄養面のコントロールができます。リモートワーカーの中には、この機会を利用して、地元産の食品だけを食べる「ロカヴォー」になった人や、パン作りを始めた人もいます。すべてはあなたの想像力と料理の腕次第です。

子育て費用の大きな節約にもなります。住む地域によって違いますが、幼い子どもを預ける費用が月給の10～50%も占める場合もあります。子どもが病気になって休みを取らなくてはならないときには、損害がもっと大きくなります。

一方、リモートワークでは、子育ての方法や時間に、より融通性が持てるようになります。実際に金銭的な節約にはつながらないかもしれませんが（でも、きっとつながります）子どものケアに関するオプションが増えて、あなたが子どもと過ごす時間も増やせるかもしれません。

さらに、マネジャーと相談して、作業スケジュールを調整することも可能です。例えば子どもの世話をする時間を設ける代わりに、週末や早朝や夜に何時間か余分に働くこともできます。スケジュールに融通性を持たせることができれば、保育料を軽減できるでしょう。家族や友人とうまく協力して、保育料をゼロにした社員もいます。

在宅で働くことが、毎日のルーティンに、節約と時間をもたらしてくれることはまちがいありません。これはまだ氷山の一角です。自分の働き方を見てもっとクリエイティブにする方法を考えてみましょう。そうすれば、だれもがうらやむワークライフバランスをすぐに手に入れることができますよ。

あなたの仕事場を整えましょう

リモートワークをするなら、オフィスを自分の好きなようにできますし、むしろ、好きなようにすべきです。成果が上がるように設定し、あなたらしい仕事場であること、そして（あなたにとっても他の人にとっても）そこが仕事場であることが明確でなくてはなりません。これは、仕事の場と居住部分を分ける境界線を決める上で大変重要です。

居住空間は、一般的に憩いの場で、外の世界と切り離されて家族との生活や仕事以外のアクティビティが行われる場です。自宅で仕事をするということは、生活空間の一部を切り取って、物理的にも精神的にも仕事をするためのスペースに変えることを意味します。

ドアを閉めることのできる部屋が仕事場として理想的です。部屋全体を仕事場に割くことができない場合は、家具などを動かして、働くスペースと生活の場とを明確に区分することを検討しましょう。

そこを常時、仕事場にしておくのが現実的でないのなら、朝仕事を始める前に、家具や照明器具を動かしたり、その日に使う機器を棚から出して設置したりして、仕事の場にしつらえればよいでしょう。そして一日の終わりには、朝と逆の作業をすれば、また生活空間に戻すことができます。

また、パーソナルな「要件」と仕事のタスクを同じ場所で行うのは賢明ではありません。理想的には、仕事の場に決めたところでは、納税申告書を書いたり、家の光熱費などの支払い処理をしたりしない方がよいでしょう。

ホームオフィスが機能するために必要な物理的なアイテムとしては、しっかりしたデスクとよいオフィスチェアがあります。これらは仕事環境を快適にして成果を上げるのに不可欠ですが、万人に合うものはありません。どんな椅子がフィットするかは人によって違いますし、デスクには、それぞれ長所と短所があります。

自分に合うものを見つける最もよい方法は、いろいろなオプションを試してみることです。複数のチェアに座ってみましょう。目についたすべてのデスクの前に腰掛けて（あるいはスタンディングデスクなら、立って）みて、自分にどれが合うのか試しましょう。また例えば一日のうちの数時間はスタンディングデスクとして使えるような、複数の機能を持つデスクが必要か（そしてそのスペースがあるか）どうかも考えてみましょう。

制限を設けずに、すべてのオプションを検討しましょう。そして自分に合うものが見つかったら、迷わずにそれに投資しましょう。長時間使うことになるのですから、ベッドや車と同じように、自分に合うものであることを確認しましょう。

私はオフィスに可動性を持たせることをお勧めします。私は普段の仕事場をコントロール・センターとして設置して、バックパックに簡単に収まるものだけを揃えた縮小版のオフィスもつくっています。多くのハードウェアを必要とする大きなプロジェクトはホームベースで行いますが、外出先でも仕事を完成させられるようにしてあるのです。特定のコンピューターにファイルを保存するよりも、いつでもアクセスできるようにグーグルドライブのようなクラウドストレージのソリューションを使う方が好きです。——ウォーカー・ウィリアムズ

基本を押さえたら、次に仕事場の周辺を整えていきましょう。リモートワークではカメラに向かう時間が結構長くなるので、顔に照明がきちんとあたることが大切です。カメラに映る顔がプロフェッショナルに見えるように、必要に応じて顔を照らせるような、方向を変えられるデスクライトを使うといいでしょう。照明もあなたの意のままにコントロールできるのです。効果的に使いましょう。

オフィスの装飾は、あなたの人物や仕事ぶりを同僚に印象づけるものです。カメラに映るときは、背後にあるものにも気を配りましょう。映ってもよいものが会社で規定されていればそれに従いましょう。規定がない場合は、同僚の仕事場に注目して、それに合わせてみるとよいでしょう。自分の背後にあるものについて、自分の目は慣れていても、オンライン通話の相手にはそうでないかもしれません。背景にものが多すぎると、気が散ってしまうでしょう。一般的に言って、シンプルなのがベストです。

同じように、リモートワークをしている人にとって目の前の様子が妨げになることもあり

ます。仕事に集中できるような景色を選びましょう。例えば、デスクを壁に向けると、コンピューターに集中できて仕事が最もはかどる人もいます。窓の外が見えるように設置するのがよいという人もいます。

仕事場の雰囲気も考えましょう。音楽を聴きながら仕事をするのが好きなら、少し時間をかけて、ラジオやインターネットのストリーミングをリサーチして、よい雰囲気をつくりましょう。また、気温、空気の質、外の騒音などについても考えてみましょう。ヒーターや卓上ファンが必要ですか？　酸素を増やすために鉢植えをいくつか置いてみてもいいですね。

仕事場のためのアイテムを選んでいるとき、これは余計かな？　と思うものもあるでしょう。こういったものの中には、アート作品や、人間工学に基づいて設計された上質の家具などがあります。多くのリモートワーカーも同意していますが、（自分にとって）正しいと思えるアイテムであれば、余分の費用をかけてもいいのだと考えるべきです。

あなたの仕事場は、一日のかなりの部分を過ごすところです。快適で楽しく仕事ができるための投資は、まさに魂をケアすることなのです。

あなたの家にはペットがいますか？　勤務時間を通してずっと仲間がいることはよい効果をもたらすかもしれませんが、そのためには、きちんとした手段を講じることも必要です。ペットが仕事の邪魔をせずにあなたのそばにいられる場所をつくること、電気機器やコード類がペットにとってもあなたにとっても安全なようにシステムを整えることにも留意しましょう。

ペットがビデオ通話に顔を出すのを好む同僚やクライアントもいますが、そうでない人もいるかもしれません。ペットが近くにいる場所で、いつでもビデオ通話ができるようにするために、カメラやマイクを瞬時にオフにできるようにしておきましょう。例えば、郵便配達員が来ると犬が吠えることが分かっているのなら、柵を設置するだけではミーティングが中断されてしまうかもしれません。

最後に、仕事場について考慮してほしいのは、リモートワークがもたらす融通性を効果的に活用する方法です。ホームオフィスがとても気に入っていても、時にはコーヒーショップで作業をする自由がほしいかもしれません。また家族の都合やパーソナルな理由から、別の場所に行かなくてはならないときもあるでしょう。天気のいい春の日には、ベランダで仕事をしたいかもしれません。周りに人がいた方が元気が出る人なら、近所にコワーキングスペースがないか探してみましょう。

一方、仕事場がはっきり決まっていないと、気が散ったり能率が悪くなったりする人もいます。自分の限度を知るためにいろいろ試してみましょう。仕事を始めるルーティンや、タスクを完了させる順番などを維持し、それに基づいて仕事の環境を整えていきましょう。

在宅勤務と言っても、自宅だけで仕事をしなくてはならないのではありません。生活の場で仕事をしないこと、そして仕事の場に生活を持ち込まないことに注意して、できる限り仕事と生活を分けるようにしましょう。いったん決めたことが最終決定だというわけではありません。よりよい方法が見つかったら、それに変えてしばらく試してみましょう。

仕事場を改善するアイデアを思いついたら実行しましょう。リモートチームの一員であることのメリットを最大限に活用するために、仕事場の中でいろいろなことを試してみましょう。最終的には、リモートワークの経験は、あなたにとってベストな働き方になるだけでなく、どんな「完璧な」職場勤務よりも、はるかに楽しいものになることでしょう。

必要な機器について

仕事には適切な機器が必要です。リモートワークであるなしにかかわらず、仕事のために絶対に必要な機器もあります。リモートワークでは必要な機器が揃っているかどうかを確認するのはあなた自身の責任であることが多いのです。

会社がコンピューターを支給してくれる場合は、入れられるプログラムが限られていたり、ノートパソコンかデスクトップかの選択や、オペレーティングシステムの選択肢がほとんどないこともあるでしょう。会社支給なら、通常デバイスもソフトウェアもあなたが負担する必要がありません。一方、自分の持っているコンピューターを使える場合には、より自由にカスタマイズすることができます。

すべての機器の中で、仕事で最も多く使うのは通常コンピューターですから、最高の使いやすさと効率を得られるように設定することが重要です。モニターが小さすぎると思ったら、（会社の方針に反しないことを確認した上で）ぜひアップグレードを検討してください。他にも外付けキーボードとマウス、外付けウェブカメラとマイク、ヘッドフォンなども計画に加えましょう。これだけではありませんが、自分の状況に合ったテクノロジーを選ぶことは、大変重要です。

許される範囲内で、自分が一番好きなプログラムをインストールしましょう。あなたが最も使い慣れているブラウザや、好きなメールソフトを使いましょう。他のプログラムをカスタマイズして、見た目も動きも気に入るようにし、よく使う機能に簡単にアクセスできるようにしておきましょう。

インターネットに接続しなくてもある程度の作業はできるかもしれませんが、オンラインの情報へのアクセスは一般的に不可欠です。オフラインのプログラムで作業の全部または一部を完了できたとしても、完成したものをどこかに転送したり、どこかから受け取ったりするのにオンラインが必要なことが多いのです。したがって、リモートの世界でのほとんどの作業には、高速で信頼性の高いインターネット接続が必要です。可能であれば、評判のよいインターネットプロバイダを選択し、通信速度と接続速度について学びましょう。

リモートワークの内容によっては、ワイヤー接続が必要な場合があります。定期的にビデオ会議に出席することが多いと、ワイヤレスよりワイヤー接続の方が安定していて、フリーズや通話障害のリスクが軽減されます。クライアントとのやり取りでは、さらに重要です。

技術的な問題が起きても、同僚なら一緒に取り組んでくれるかもしれませんが、クライアントはプレゼンテーションやサービスそのものを不完全だと感じ、会社との契約に影響を与える可能性すらあります。したがって、自分の好きなコンピューターを選ぶことが許されている場合は、必要ならLANポートが付いているものを選ぶようにしましょう。

従来のオフィスなら当然用意されている、様々な備品や文房具も、リモートワークでは自分で揃えなくてならないかもしれません。印刷する場合は、プリンターと予備のインクカートリッジがあることも確認しましょう。鉛筆、クリップ、ホッチキスも必要でしょう。重要な文書を保存する方法はありますか？　ＵＳＢドライブ、カメラ、その他の電子機器も毎日使うものかもしれません。会社によっては必要な備品のリストを用意しているところもありますが、なければ自分で考えて、仕事場を整えましょう。

機器のメンテナンスも大切です。コンピューターは定期的に外側もハードドライブもメンテナンスしましょう。定期的にメンテナンスされているコンピューターは、そうでないものよりも優れたパフォーマンスを発揮します。

一時ファイルを削除したり、ハードドライブをデフラグしたり、デスクトップのクリーニングなどをして、コンピューターがスローダウンしないように留意します。会社のＩＴ部門が自動的に、パフォーマンス・ブースティングをしてくれるかもしれませんし、手動でしなくてはならない場合もあるでしょう。その場合は忘れないように、定期的に計画しておきましょう。

また、重要な機器のいずれかが故障した場合に備えて、準備をしておく必要があります。ハードドライブがクラッシュした場合でも、すべてのデータが失われないように、定期的にコンピューターをバックアップしておいてください。インターネットがダウンした場合は、どこに行けば、すぐに再接続できるかを知っておくことも大切です。

急場をしのぐために、携帯電話がインターネットのホットスポットとして機能する場合もあります。書類がクラウドに入っていて、携帯電話やタブレットに必要なアプリが入っていれば、少なくともしばらくの間はモバイル端末で作業ができるかもしれません。

モバイル端末で必要なコンテンツにアクセスするためのノウハウや、キャリア経由で接続する場合の追加費用などについても事前に調べておきましょう。すぐ接続が戻らないときに備えて、同僚の電話番号を控えておくのもよいでしょう。重要な会議やタスクについて、その同僚からあなたの状況をみんなに伝えてもらうことができます。このような状況に備えておくことで、もしものときのストレスや他の人への悪影響を軽減することができます。

> 私はバーチャルルームを設置するためのビデオ会議に10分早く入って、パワーポイント・デックをロードして、通話に入ってきた参加者と軽いおしゃべりをしていました。すると、セッションを始める1分前にスクリーンが暗転したのです。停電になってインターネットへの接続が失われたのだと気づくまで数分かかりました。
>
> 私は、緊急用の仕事バッグにコンピューターとパワーコードを突っ込んで、チームに状況の説明をしてほしいと上司にテキストで伝え、6ブロック先のコーヒーショップへ走りました。そこではまちがいなくＷｉ－Ｆｉが通じることが分かっていました。
>
> 代替案を使わなくてはならなくて悔しい思いをしましたが、自分の仕事場が使えなくなったときに、どこに行けばコミュニケーションが取れるかが前もって分かっていてよかったと思います。
>
> ――テレサ・ダグラス

機器はどれも丁寧に扱い、もしどれか一つが使えなくなったときの準備もしておきましょう。リモートワークの環境について細部まで精通していれば、あなたの生産性は最高潮になりますよ。

身体のフィットネスも大切に

私はフィットネスに燃えています。また、同僚とつながることにも情熱を傾けています。どちらもリモートワークの環境では得るのが困難です。でも私は屈せずに自己から率先して解決しました。オンライン上に、健康コミュニティをつくって、同僚たちと一緒にレシピや、フィットネスのヒントや、マインドフルネスのアイデアを投稿し合いました。「おもしろ画像」も載せました。このコミュニティのリーダーは私です。バーチャル給湯室の交流の場になるように、週に1、2回は投稿するようにしています。また、ヘルシーなランチの写真や、実際にレースで走っている写真などを投稿し合う約束をみんなとしています。

――ジュリー・ミニック

「座り続けるのは喫煙ほどの害がある」というのを聞いたことはありませんか？　ライフスタイルが便利になればなるほど、日常生活で体を使うことが少なくなります。銀行やマーケットに行かなくてもスマート端末のスクリーンをタップするだけで、事足りてしまいます。仕事をするときにも、ほぼ一日中コンピューターの前に座っています。これは従来のオフィスで働く場合も、リモートチームの一員として働く場合でも同じです。

在宅勤務の問題点について考えるとき、私たちは心理的なことがら――家族の状況、仕事の達成感、他の人とのつながり――とその対処法に注目しがちです。しかし、身体面の健康も同じように重要で、リモートワークの状況下でもコントロールできることがたくさんあるのです。

リモートワークにおける身体の健康管理の第一歩は、積極的に身体を動かすルーティンが必要だと気づくことです。会社への通勤がなくなることによって、運動の機会もある程度失われます。都会の会社に通うことでどれほど歩数が増えるか考えてみましょう。バス停までの行き帰りや、駅の階段の昇り降り、車で通勤している人なら駐車場からオフィスビルまで歩いて行くでしょう。社内にも階段があるかもしれません。ランチタイムでも、近くのレストランへの往復が歩くチャンスになります。

会社では、会議室やコピー室へ行くために立ち上がって歩かなくてはなりません。仕事の後は、数人の同僚とパブやコーヒーショップへ歩いて行くこともあるでしょう。このように、自然と体を動かすきっかけになっていることが、在宅勤務では失われます。だからと言って、リモートワーカーは体を動かすことを諦めるべきだと言っているのではありません。体を動かす機会を、自分自身でつくればいいのです。

家で働くことの融通性を大いに利用しようではありませんか。一日のルーティンに、運動の時間を組み入れましょう。新しい運動を始めるときは、医師に相談した方がよい場合もあるでしょう。ゴーサインが出たら、フィットネス維持のためにいくつかできることがあります。定期的にジムに通うことも、柔軟なスケジュールを利用すれば可能でしょう。

午後の空《す》いている時間にジムに行って、夜にその分の仕事をしているリモートワーカーもいます。新鮮な空気と運動のために午前中に散歩をする人もいれば、いつもデスクの横にダンベルを置いておくという人もいます。いろいろ調べて試してみましょう。フィットネスのルーティンを加えることで一日に変化ができて、ストレスが軽減されます。

仕事中にもフィットネスの機会があります。一日中、あるいはその一部でも、立って仕事ができるように、デスク周りをカスタマイズしてみましょう。健康改善にもなるし、姿勢も良くなります。脚や背中も強くなりますよ。スタンディングデスクを購入してもいいし、DIYでつくってみてもいいでしょう。いずれにしても、家ならデスクを作り変えることが容易にできるでしょう。

従来の職場では、自分のデスクを変えることなど、会社の方針で許されないかもしれませんから。そんな方針がなくても、社内で立って仕事をするのは、居心地が悪いと思う人もいるかもしれません。例えばオープンフロアのオフィスで、周りの人が皆、椅子に座っているのに、自分だけが立っているとそれこそ目立って恥ずかしい思いをするかもしれません。でも家なら、そのような「社会不安」は起きませんから、自分の健康と尊厳を同時に守ることができます。

スタンディングデスクより、もっと大きな調節だって可能です。椅子の代わりにエクササイズボールに座ってもいいでしょう。ペダルをこぎながら仕事をすれば脚の運動になります。ウォーキングマシン付きのデスクもあり得るでしょう。少しのリサーチ、そしてけがを防ぐ慎重さをもってすれば、あなたのリモートワークのオフィスをフィットネスの場として活用することができるのです。

一日を通して、時々立ち上がって短い休憩を取るようにしましょう。従来のオフィスでは、書類を取りに行ったり、同僚と話したり、コーヒーを取りに行ったり、会議室へ行ったりと、立ち上がる機会があります。在宅勤務の場合は、定期的に立ち上がって足のストレッチをしたり歩き回ったりする言い訳をつくりましょう。

日中、決まった時間に休みを取るようにタイマーをセットしている人もいます。長い休憩を取れない日には、椅子に座ったままエクササイズができるかもしれません。少し調べてみましょう。

従来の職場勤務をやめることで、日中のアクティビティの機会が失われるわけではありません。少しの思考力と創造力を使えば、以前よりももっと運動をする時間が増えることでしょう。

Chapter 3

仕事の流れをつくるためのヒント

ほとんどの仕事では、例えば一日の終わりまでにすべてのクライアントに電話をするとか、月末ごとに決算をする、というように成果物を届ける周期が決められています。この章では、リモートワークに必要な仕組みを設定していきます。

自分に合った方法を見つけましょう

私は柔軟なスケジュールで働いているので、早朝から好調に働き始められるし、一日を通して子どもたちとかかわる時間を持つこともできます。邪魔されずに仕事に集中する時間は（だれでも）つくることができると思いますが、私にとっては、毎日が自動的にそういう時間になっているのです。早朝まだ同僚がだれもログインしていない時間に働き始めるので、静かな時間に一日のタスクをいち早く始めることができ、メールやチャットの受信通知がポップアップし始める前に、特別なプロジェクトに集中することができます。

柔軟なスケジュールのおかげで、子どもの世話を夫と二人で分担できるようになりました。朝私が働いているときに夫が子どもに朝食を食べさせて学校へ行く用意をさせます。私は、子どもたちが出かける前にハグをしたり、時には子どもの髪型を整えてやったりしてから、また仕事に戻ります。

午後の中ごろに休憩を取って、子どもたちを学校へ迎えに行き、その日のできごとについて子どもたちと話します。家に戻ったら、子どもたちをベビーシッターに任せて、また仕事に邁進します。

——メラニー・マッケイ

リモートワーカーによって、スケジュール管理の仕方が大きく違うことがあります。長めの休憩を何度もはさみながら、早朝から夜遅くまで一日中働き続けると能率が上がるという人もいます。平日は9時～5時で働いて、週末は仕事をしないのを好む人もいます。リモートワーカーとして成功するには、自分の好む働き方だけでなく、自分の職務にどれほどの融通性が与えられているかを理解することが必要です。雇用主の要求を満たしながら、自分にベストな方法を決めるためにはいくつかの要素がかかわってきます。

まず、仕事で何が求められているのかを考えましょう。雇用主のために仕事を成功させられないのであれば、別の仕事をするか、他の会社に移るべきでしょう。一日や一週間の中で業務が最も忙しいピークタイムには、仕事をしなくてはなりません。

もしあなたが太平洋時間の地域にいて、ほとんどのクライアントと同僚が東部時間なら、それに合わせて早起きしなくてはならない日もあるでしょう。クライアントの業務が終わる夕刻に、電話をかける必要があるのなら、その時間を自分の就業時間に組み入れなくてはなりません。会社の仕事のリズムに合わせてスケジュールを組むことが、あなたのプロフェッショナルとしての成功につながります。

ビジネス全体のリズムが把握できたら、時間をかけて上司からの期待値——明白なものも暗黙のものも——について確認しましょう。例えばあなたの職務では、週末に働くことが求められていますか？　上司の同意が得られなければ、自分にとって都合のいいように勤務時間を決めても意味がありません。

毎日のミーティングや、週に一度のミーティング、あるいはサインインとサインアウトの方法については、上司が一定の考えを持っているかもしれません。上司の好むスケジュールによっては、一日の特定の時間帯に、あなたが応答できるようにしておかなくてはならないかもしれません。

しかし、あなたにまったく発言権がないというわけではありません。よい上司ならだれでも、リモートワーカーの要望をできるだけ満たそうと思ってくれるはずです。常に上司と話し合い、仕事のニーズとも照らし合わせながら、スケジュールの調整をしていきましょう。時間の経過とともにスケジュールを変える心構えも必要です。

こうしたことを踏まえた上で、自分の希望するスケジュールを、自信を持って伝えましょう。仕事の成果が最も上がるのはいつですか？　もしあなたが午前中に思考力を最大に発揮するのであれば、朝早くから働き始めることが合理的です。午後になると集中力が切れてしまうことはありませんか？　もしそうなら、長めの休憩を取るようにスケジュールを組んで、夕方に活力が戻ってから仕事に復帰してはどうでしょうか？

リモートワーカーの中には、従来の「オフ」の時間帯に仕事をすることを楽しむ人もいます。その時間帯は仕事をしている人が少ないので、集中できるからです。一方、あなたが短い休憩をはさみながら一日を全力疾走するタイプなら、よりコンパクトなスケジュールの方が向いています。

働き方の好みは、時間の経過とともに変化することがあります。今までリモートワークをしたことがない場合は、特にそうです。雇用主とビジネスのニーズが把握できたら、いろいろなスケジュールを試してみてください。そして生産性と個人的な満足度の両方が最も高くなるのは、どんなスケジュールなのかを検討しましょう。会社もあなたに柔軟性を求めるかもしれませんので、こうした実験が役に立ちます。

日や週によって忙しいピークタイムがあるように、季節によってピークシーズンがある会社もあるでしょう。ピーク時には、余分の仕事をこなすために、スケジュールを変更しなければなりません。自分のスケジュールに固執しすぎると、かえってフラストレーションが増すことがあります。一日の大体のスケジュールが決まっているのはよいことですが、予定外のできごとが起きたときのために、融通のきく時間を確保しておくことも忘れないようにしましょう。

多くの人がワークとライフの「ブレンド」ということを言います。リモートワークでは、よりたやすく、仕事とプライベートを融合させることができます。雇用主、上司、そして自分自身のニーズを慎重に考えながらスケジュールを組めば、バーチャルな環境での仕事の経験がポジティブなものになるでしょう。この利害関係にある三者の方向性が一致していることが多いのはありがたいことです。積極的に考えれば、きっとみんなにとって最適なスケジュールが見つかるでしょう。

驚いたことに、この実践によって私自身も生産性が上がるようになりました。一日の終わりに締め切りを設定すると、その時間までに「やることリスト」の項目を完了させなくてはならないので、夜や翌朝まで仕事を引きずらなくなりました。

毎日のルーティンをつくりましょう

リモートワークを始めた頃は、適正な時間までに仕事を終えることがなかなかできませんでした。町の向こうの職場で勤務していた頃に、仕事の半分をコンピューターに残したまま帰宅したときのような感じでした。そこで、実際にカレンダーの上に、毎日の終了時間を書き込んで、その時間が来たら、チームに「おやすみなさい」と告げて、チームチャットを閉じて、もう仕事関係の通知が来ないように、別のブラウザを立ち上げることにしました。こうして仕事関連のアクティビティをすべて終了させるようにしたのです。

——ブライアン・セイベル

多くの子育ての良書には、一日のルーティンが重要だと書かれています。ルーティンは幼児が新しく大きな世界になじむために安心感を与えてくれます。また、様々なプロセスを繰り返して行うことで、学ぶ機会にもなります。では、大人が新しい状況でサバイブするためにもこのような方法が必要でしょうか？

私たちは子どもの頃とそれほど変わっているわけではありません。小さい子どもにとって、最初の一歩やお母さんから離れることが難しいように、リモートワークの世界に入るのも、準備ができていなければ同じようにつらいものです。仕事と生活を切り離す境界線を引くことの重要性については、すでにお伝えました。次のステップは、日々のタスクに目を向け、繰り返し行えるプロセスを考えて、仕組みをつくることです。ほとんどの場合、どんなルーティンでもよいので、ルーティンをつくること自体が重要です。

多くの人にとって、毎日同じ時間に仕事を始めることは、ルーティンの強い基盤となります。朝9時に仕事を開始する必要はないかもしれませんし、自分の都合のよい時間に仕事を始められることが、大きなメリットだと言う人もいます。朝一番に通話の約束がない日や、締め切りの迫ったタスクのない日には、寝坊をしたいという誘惑にかられるかもしれません。

しかし、そのご褒美は、あなたのルーティンが固まって、リモートワークに慣れてくるまで取っておきましょう。それまでは、開始時間を決めてそれを守ることで一貫性が得られるようにしましょう。そうすればその週に完了すべきタスクにしっかり備えることができます。

メールのチェックを、一日の最初の仕事にしないというアプローチを取っている人もいます。メールはリモートワークをするほとんどの人にとって空気のようなものです。私たちが機能するために、そしてサバイブするために、なくてはならないものです。

ただ問題は、リモートワーカーは通常でも大量のメールを受信しますが、特に同僚やクライアントが異なるタイムゾーンにいる場合は、朝には受信トレイがすでに一杯になっているということです。朝一番にメールをチェックしてしまうと、重要度の高い順ではなく、受信トレイに表示された順にタスクを完了させようとするリスクがあります。こうしたやり方を続けていると、非常に消耗します。

受信トレイのチェックを朝一番の仕事にする代わりに、その日に達成すべきタスクのリストを見るようにしましょう。その日の仕事の準備が整い、どのタスクが新しいのかも分かります。そして一杯になった受信トレイを開く前に、いくつかの「やること」を済ませることができます。

あなたのポストによっては、株式市場を見たり、日々の会社の最新情報をチェックしたり、一日中使うアプリを起動したり、同僚に状況確認《チェックイン》を行ったり、ボイスメールを聞いたりすることも、朝のタスクの一部です。「やることリスト」は前日につくっておくか、定期的なステップが決まっていれば、ルーティンに前もって組み込んでおきましょう。

しかし、リモートワーカーの中には、一日の初めにメールチェックをしなくてはならない人もいます。もしあなたの役目がそうであれば、朝のアプローチ法が変わってきます。メッセージのうちのどれが今のタスクに直接関係するかを見定めたら、すぐ取りかかれるように印をつけ、残りのメールは後で読んで対処することにします。こうすることで、メールによって一日の計画を立てることができますが、メールに振り回されることはありません。

その後の勤務時間のルーティンも重要です。昼休みはいつも同じ時間に同じ長さで取るようにしましょう。意識的に短い休憩をいくつか取るのも賢明です。午後のお茶の時間や、パワーナップ（活力回復のための昼寝）、近所を散歩するのもいいですね。このような休憩時間は、仕事から離れるのに有効なだけではありません。

定期的なアクティビティが習慣化すれば、一週間を通じて勤務時間に一貫性が出てきます。一休みして友人としゃべったり、ネットサーフィンをしたりするのも軽い休憩にはなりますが、こうした休憩の仕組みをしっかりつくって繰り返すようにしなければ、ルーティンを強化することにはなりません。

一日の仕事を同じ時間に終わらせることも大切です。夕方の5時や6時に仕事を終える人が多いのは、夕食時間に合わせるという意味で、理にかなっています。しかし、リモートワークでは大体いつも同じ時間であれば、終業時刻が何時であっても構いません。リモートワークでは、仕事をやめるのが難しいものです。

従来のオフィス勤務では帰宅しなければならない時間が通常決まっていますが、家ではそういった決まりはありません。たいてい、まだやるべきことがありますし、仕事場はすぐそこにあります。安定したルーティンを築くためには、終業時刻を計画的に設定することが不可欠です。

終業時刻を設定するだけでは、なかなか仕事から離れられない場合もあるでしょう。夜何もすることがないと、やめるはずだった仕事をやり続けてしまうことがあります。この習慣を断ち切る方法の一つとして、仕事を終えてすぐに行うアクティビティを決めておくとよいでしょう。大切な人と時間を過ごしたり、読書をしたり、夕食をとったり、ヨガをするのもいいでしょう。楽しみにできることを計画しましょう。物理的にも精神的にも仕事を終えるルーティンをつくっておくことは、リモートワークを楽しもうとするすべての人に欠かせません。

ルーティンをつくることは、短期的にも長期的にも成功するために重要です。新しい世界に夢中で、やる気に燃えていると、ルーティンをつくるという基本的なことが見えなくなってしまうことがあります。すると、新しいリモートワークを始めて数週間や数ヵ月後に、突然、圧し潰されそうな気持ちに襲われるかもしれません。

最初からルーティンを設定しておけば、初めの興奮が薄れてきたときの衝撃を回避することができます。時には、ルーティンを変えなければならない状況も出てきますが、システムをつくっておけば、それは単なる例外として処理できて、生活が仕事にコントロールされることはないでしょう。

一日の過ごし方について

カレンダーがリモートワーカーの生活を左右すると言っても過言ではありません。スケジュールを慎重に管理することで、リモートワークを成功させることができるのです。カレンダーのプログラムはたくさんありますが、会社が特定のカレンダーを指定する場合もあります。どのカレンダープログラムを使うかは重要ではありません。毎日の作業の手順を決めるのにカレンダープログラムを使う習慣が身につきさえすればよいのです。さもなくば、大事な締め切りや約束を逃してしまう危険性があります。

リモートワークの生産性については、様々な説があります。リモートワークになって生産性が上がったと言う人も、逆に下がったと言う人もいます。こうした成功と失敗の違いは、一日のルーティン設定をどう戦略的に行うかによって変わってきます。

今日、明日、そして来週、どんなことが起きるのかを意識するようにしましょう。一日の始まりにカレンダーを確認して、今日はだれとミーティングをする予定になっているか、そのためにどんな準備が必要かを考えて、予定を立てましょう。一日の流れ――ミーティングの時間と実際の作業の時間のバランス――は、日によって違います。ミーティングの時間をまちがえたり、準備を怠ったりしないように、その日の流れに乗り遅れないように、定期的にカレンダーをチェックしましょう。

一日の仕事が終わるまでに、翌日のできごとを確認しておきましょう。翌朝早い時間にするべきタスクや、前もって準備の必要なミーティングがあることに気づいて、結局遅くまで仕事をするはめになることもあるので、カレンダーは早めに確認するとよいでしょう。明日のスケジュールのための準備に必要な時間を十分に取っておきましょう。

翌日のスケジュールを確認するときは、行うタスクと達成目標の計画を立てて、カレンダーにその時間を組み込みましょう。なんとなくその日のうちにタスクを終えられるだろう、というのではなく、やり終える時間を自分で決めるのです。カレンダーにそのタスクをこなす時間が組み込まれていないと、一日の勤務時間が定例ミーティングや、メールや、急な電話や、予想外の遅れへの対処であっという間に終わってしまいます。スケジュールを使って、いつ何をするべきかを決めましょう。

一日を全体として見ることも忘れないように。特定のタスクに専念するために予定した時間と、会議や他の作業に使う予定外の時間とのバランスは取れていますか？　仕事に専念する時間を多く設定しすぎると、同僚があなたと重要な問題について話そうとしても、時間がなくなってしまうかもしれません。逆に、仕事に費やす時間が少なすぎると、必要なタスクを完了するための時間が足りなくなるかもしれません。

初めに日課を決めるときには、試行錯誤をして、適切なバランスを見つけるようにしましょう。ルーティンをしばらく続けたら、経験に基づいて、作業時間とミーティング時間の比率を調整すべきかどうかを考えましょう。仕事の分量に圧倒されていると感じたら、ミーティングを減らして一人で作業する時間を増やすべきだという兆候かもしれません。

他の人のスケジュールも、あなたのカレンダーに直接影響を与えます。あなたの上司が午後の時間をほとんどミーティングに費やしているのなら、上司への質問は午前中にすればよいでしょう。それぞれの状況に合わせてプランを立てましょう。また、クライアントに電話をするために、夕方の時間を空けておく必要がある場合もあります。

タイムゾーンの違いによる時差も、多くのリモートワーカーにとって、会議や仕事量のスケジューリングをさらに複雑にします。異なるタイムゾーンの同僚と働く場合、適切な会議の時間を決めるのは大仕事に感じられるかもしれません。しかし、少し研究すれば、みんなに合う時間を見つけることができるようになります。どの、そしていくつのタイムゾーンに対応しなくてはならないのかを知っておきましょう。それに基づいて、異なるタイムゾーンの同僚の勤務時間にも、あなたのスケジュールを調整できるようにしておきましょう。

同じネットワークの同僚に今アクセスできるかどうかが見えるカレンダープログラムもたく

さんあります。そうしたプログラムを使う場合は、あなたの普段の勤務時間を入力しておけば、同僚たちの計画しようとしている会議があなたの勤務時間内かどうかがみんなに分かります。このようにすれば、よく一緒に働く人たちと同調できるように、効率的にスケジュールを組むことができます。

一日の計画にランチタイムやその他の休憩時間をきちんと組み入れることも同様に重要です。カレンダーに入力していないと重要な仕事が埋もれてしまうように、ランチタイムも、「やることリスト」の重みで簡単に消えてしまうことがあります。同じことが休憩時間にも言えます。デスクに座って一日中コンピューターの前で仕事をし続けるのは健全な長期戦略とは言えません。足を伸ばしてストレッチしたり、飲み物を飲んだり、外を軽く歩いたりする時間を、毎日の一部にしましょう。毎日同じ時間でなくてもいいのです。休憩時間が長く取れる日もそうでない日もあるでしょう。こうした休憩はリモートワークを成功させるために重要です。

カレンダーに休憩のタイミングも組み入れましょう。午後の散歩は、一日の終わりに向けて元気を回復するのにちょうどいいかもしれません。また、他の人たちの都合がいい時間にあなたにアクセスできるよう、仕事のニーズに合わせてランチを早めたり遅くしたりしてもいいでしょう。子どもが学校から帰る時間に短い休憩を取って、子どもたちに「おかえり」と声をかけてから、仕事に戻ってもいいですね。

> 以前、私は通常の仕事時間中に、郵便局へ行ったり、買い忘れた食料を買いに走ったりすることに罪悪感を感じていました。でも、先輩が火曜日の午後しかスケジュールに余裕がないので髪を切りに行く日にしているという話を聞いて、考えが変わりました。
> 週に最低1回、家から外に出る時間をつくってリフレッシュしています。私たちの多くは、朝早く仕事を始め、デスクで昼食をとり、遅くまで働いているので、個人的な用事のために一日の途中に休憩を入れる必要があると思います。用事のための時間を最小限にして、急いで済ませるようにしたら、もう罪悪感を感じることもなくなりました。仕事の責任を果たす時間に合わせて、用事をする時間もカレンダーに書き込むようにしています。
>
> ――ジェン・フリーマン

在宅勤務になると、パーソナルなカレンダーと仕事のカレンダーが重なり合って一つに融合されます。午後の仕事を休んで、子どもの野球の試合を観戦したり、マッサージを受けたりするような柔軟性が持てるかもしれません。仕事以外にかかわっているイベントなどがあれば、その最中に仕事の予定が入らないようにカレンダーに組み入れておきましょう。

カレンダーに仕事をする時間を書き込んでおけば、周囲の人はその時間はあなたが仕事で忙しいと分かります。日常生活であなたを頼りにしている人に仕事の時間を知らせると同時に、仕事の同僚にもあなたが仕事を休む時間を知らせておくことで、必要なバランスを保ちながら、あなたにかかわるすべての人からの期待をうまくコントロールできるようになるでしょう。

カレンダーを効率よく管理するのは、あなたの役目です。車がうまく走るためには時折チューニングが必要なのと同じように、カレンダーを微調整する時間を取れば、毎日のルーティンが最も効率よく機能するようになります。例えば、カレンダーに書いた会議の予定を見直してみましょう。どの会議にも目的がありますか？　上司から要求される会議もあれば、現在のプロジェクトの状況報告の会議もあるでしょう。あなたがプロフェッショナルとして成長するのに役立つ会議もあるでしょう。

しかし、不要なミーティングには、「ノー」と言って断る方法を身につけましょう。先延ばしするために、ノーと言うのではありません。先送りしても将来はあっという間に現在になり、延期したと思ったミーティングがすぐにまたあなたの前に姿を現します。ですから、あなたが出席する必要のないミーティングなら、はっきり断りましょう！　気が引けるようなら上司に相談してください。断る正当な理由があれば、よい方法を上司が一緒に考えてくれるでしょう。

もちろん、予定表から会議を外すことはできないかもしれません。その場合は、会議以外の時間をできるだけ効率的に使うことに集中しましょう。中断した集中力を回復するのに15分から30分もかかることがあります。会議のスケジュールはいくつかのブロックに分けて組むようにし、間に小さい休憩を入れましょう。週のうち数日だけをミーティングに費やして、他の日は自分のタスクに専念するという人もいます。

また、ミーティングはすべて午後にして、午前中は自分の仕事のために空けておくという方法もあります。どちらの方法も無理であれば、ミーティングとミーティングの間を、1、2時間空けておいて、その間に自分の仕事をするのはどうでしょうか？　こうすれば、次のミーティングまでの時間に、集中力を取り戻して仕事を進める時間を確保できます。

柔軟性を保ちましょう。カレンダーは最終決定ではありません。五つのうち四つの会議が延期されたり、キャンセルになったりする日もあります。そんな日は、翌日のタスクを早めに始めるよいチャンスです。あるいは息抜きに近所を散歩してもいいでしょう。逆に、突然上司が会議を招集してくることもあるでしょう。そしてそれがあなたのランチタイムや、自分の仕事のために取り置いた時間の真っ只中の場合もあります。そういうときは、作業の順序を変えたりして柔軟に対応しましょう。

一日をより効率的にしたり、同僚やクライアントからの要望に応えられるようにしたり、自分の休憩時間をつくったりするためにも、カレンダーを使って一日の計画を組み立てましょう。大きな成功を収めるリモートワーカーは、しっかり計画の立てられる人です。

とは言っても、変更が必要になる場合もありますから、その日やその週の計画に固執してはいけません。すべて計画通りに進むと仮定して、必要に応じて代替案を取り入れる心構えを持ちましょう。その日の予定と、すべてのタスクをいつまでにやり遂げるのかが分かっていれば、安定した基盤ができ、最終的には仕事への満足度をも高めることになります。

受信トレイを管理しましょう

リモートワークにメールは欠かせません。メールが、一部の同僚やクライアントとあなたを結びつける唯一の連絡方法である場合も多いのです。したがって、メール上のイメージが、あなたを表す唯一のイメージとして捉えられることがあります。リモートワークの他の側面と同様に、自分に合うメール管理のシステムをつくることが重要です。

リモートで仕事をしていると、従来の職場勤務よりもかなり多くのメールを受け取ることになるでしょう。だれかがあなたのデスクに聞きに来ていたようなことが、リモートではメールによる質問に置き換わってしまいます。タイムゾーンや勤務時間が異なると電話がかけにくくなり、さらにメールが増えるでしょう。

私たちは、同僚がデスクにいるかどうかを実際に見ることができないので、逆に、いつでもチームメートにアクセスできると考えがちです。新しいマネジャーに提案したいのは、マネジャーの職務についたらすぐに、毎週末、メールに不在時の自動応答を設定しておいてほしいということです。それによって、マネジャーの勤務時間が分かるし、どうすればコンタクトできるのか、いつ返事をもらえるのか、が分かります。

返事を急ぐことの多い職務なら、さらに一歩進んで、返信が通常より遅れる場合には「今デスクから離れています」や「お返事が遅れます」というメッセージを設定しておくと役立つと思います。テクノロジーは私たちに役立つように、私たちを可視化してくれます。自動応答機能もその一つです！

——クリスティン・テレル

メールをチェックする時間を決めておくと便利です。メールが来るたびに返信していると、仕事が中断され続けて、集中できなくなってしまいます。メールの受信通知をオフにして時間を決めて定期的にチェックするようにすれば、プロジェクトに集中して、より効率的に完了させることができます。多くの人が、午前中と午後に一回ずつメールチェックをすると言います。

一日に3～4回、あるいは毎時間ごとにチェックする必要がある人もいるかもしれません。

時間が経つにつれて、自分にとって最適かつ、自分の役目に合う方法が見つかるでしょう。こうしたことを決めるときには、一緒に働く人たちからの要望を考慮することも必要です。同僚やクライアントには、メール連絡に最適な時間帯を伝えておきましょう。

メールが非常に多い職種の場合は、一日の仕事を始めるときに、受信トレイをざっと見て、整理するとよいでしょう。差出人や件名から、すぐに返信が必要かどうかを判断することができます。緊急性の高いものから処理し、残りのメールは自分にとって分かりやすいように別のトレイに移しておけばよいでしょう。

メールの中には、すぐに回答できるものもあれば、時間をかけて詳細な回答が必要なものもあります。一般的には、5分以内に対応できるメールであれば、メールを開いたらすぐに回答するか他の人に回答を委ねましょう。内容を一度読んだら、それについて考えている間に処理するのが最も効率的です。5分以内に対処できそうもないメールは、適切な回答をするまでにどのくらい時間がかかるかを見極めましょう。

その日のうちに回答をまとめられないようなら、メールを受信したこと、そしてそれについて作業をしていることを知らせるメールを素早く送っておくとよいでしょう。できれば、きちんとした回答をいつ送れるかの予測も知らせましょう。そして、その仕事を「やることリスト」に加えることを忘れないように。

受信メールの量や緊急性にかかわらず、メールを適切に整理する方法を見つけましょう。メールシステムの中には、整理に役立つ様々なツールがあります。フォローアップが必要なメールを分類しておくシンプルな方法を見つけましょう。

返事を要するメールを「やることリスト」に加えるだけでなく、そうしたメールをすぐに探し出せる方法が必要です。システムによっては、あとから分かるように、メールの横に星印をつける機能があります。また、重要なメールにはフラグをつけられるメールシステムもあります。未回答のメールをできるだけ簡単に見つけ出せるシステムを探しましょう。

一方、メールへの回答が終わってもう不要になった場合、多くのシステムでは、古いメールを保存するためのフォルダを作成することができます。こうすれば、受信トレイをすっきりさせることができて、動きが取れなくなることがありません。自分の使っているメールシステムとその機能を効果的に使いこなせるようにしましょう。

あなたのポジションによっては、読む必要のないメールスレッドを受信することがあるかもしれません。例えばあなたは、機能横断型のプロジェクトチームの一員で、特定の業務の処理について記録することが必要かもしれません。そういう場合は、メールフィルターを使って、こうしたメッセージを自動的に指定のフォルダーに保存することができます。まだ読んでいないメールには、「未読」マークをつけたままにしておいて、どれが既読で、どれがまだ読んでいないかを判別できるようにしておきましょう。

未読のものは、一日一回、あるいは週に一回、読む時間を決めておきましょう。このシステムで注意したいのは、フォルダーがあること自体を完全に忘れてしまったり、誤ってそのフォルダーに入ってしまった重要なメールを見落としたりする危険があることです。

他にも、メールをアーカイブする代わりに、フィルターを使って自動的にフラグを立てたり、ラベルを貼ったりして成功している人もいます。これには、メールを見逃してしまうリスクを回避し、優先順位をつけるのに役立つというメリットがあります。

他にも、多くの人が便利だと感じているツールとして、ネスティング機能があります。この機能を使うと、特定のメッセージについての返信や転送を自動的に一つのメールスレッドにまとめることができます。これにより、受信トレイがすっきりします。それぞれの件名は一本で済み、すべての返信を1ヵ所で確認することができて、あなたが話に加わる前にメールチェーンに関してなされたすべての応答を確認することができます。

しかしこの方法は混乱すると言う人もいます。チェーン全体を読んだりすべての事柄を理解したりするのはかえって大変だというのです。

例えば、ある人がメールの全員に返信しているのに、その中のだれかがあなただけに個別に返信した場合、それも同じ一つのチェーンにまとめられてしまうと、特に複雑になります。いずれにしても、最近の回答を見逃していないことを確認するためにも、一番新しいメールから順に読むとよいでしょう。最終的には、メールの機能をカスタマイズするのは、あなた自身です。あなたがあなたのためにカスタマイズするのです。いろいろ試してみて、最適なものを見つけましょう！

どんなツールを使っても、メール対応に必要な時間は、一日に受信するメール数や、どのくらいの頻度でメールをチェックするかによって大きく変わってきます。いずれにしても、メールのチェックには時間がかかりますので、スケジュールを立てておくべきです。返信に割く時間を決めるには、今、大体毎日どのくらいの時間を費やしているかを確認してみるとよいでしょう。

メールは、迅速で効果的なコミュニケーションの方法です。複数の人と同時に共同作業をしたり、通常の業務時間外に連絡を取ったり、会話の記録を書面で残したりすることができます。メールに返信する理想的なシステムをつくることで、素早く対応できて、一緒に仕事をする人にあなたの能力やプロ意識を印象づけることができます。

Chapter 4

コミュニケーションのためのヒント

従来の職場なら、メールの返事が来なかったとしても、その同僚のデスクにちょっと立ち寄って様子を見ることができます。しかしフロリダ州のリモートワーカーと、カナダの同僚とでは、そうはいきません。この章では、プロ意識を保ちながら、どうすれば自分の必要としているものを手に入れられるかについて、お伝えしましょう。

基本的なマナーを知りましょう

以前の上司には、いつでもスカイプで連絡が取れました。彼はいつもそこにいて、どんな質問にも答えてくれました。だからぼくはその利便性を最大限に利用していました。新しい仕事をしていて分からないことがあると何でも質問していたのです。

でもある日、何気ない会話の中で、上司が一日のルーティンについてこんなことを言っているのを聞きました。彼は、必要なことは大体メールで済ませるようにしていて、スカイプは緊急の問題に対処するために使っているのだと。
ぼくは、あれだけたくさんの質問を、まちがった方法で彼に送り、彼に余計な時間を使わせてしまっていたことに気がつきました。それ以来、質問があるときは、プロジェクトを遅らせずに必要な答えを得るためにはどのコミュニケーション方法を使うべきかをしっかり考えるようになりました。

――マイク・ウェバー

バーチャルの世界には、これまで以上に多様なコミュニケーションの方法があります。従来の職場のように、だれかと廊下ですれ違ったり、デスクで会ったり、ランチに誘ったりすることはできません。その代わりに、バーチャル世界には、様々な新しいコミュニケーションのオプションがあります。しかし、ここには留意点もあります。同僚とのやり取りが減少したり、間隔が空いたりするようになると、今まで以上にコミュニケーション方法の選び方に注意を払う必要が出てきます。

メールはその中でも主要なオプションの一つです。従来のオフィスでは、メールは長い内容や、大人数とのコミュニケーションや、記録を残す文書化などのために使われていました。バーチャルな世界でも、これらは当てはまりますが、瞬時のコミュニケーションを実現するために迅速なやり取りを可能にするという面もあります。また、インスタントメッセージのアプりもたくさんあります。あなたの職場にもそのようなプラットフォームが一つはあるかもしれませんね。そうした機能を使いこなせるようになりましょう。

多くのインスタントメッセージのプラットフォームでは、同僚に見えるように、ステータスを設定したり、仕事の進捗を書き込んだりすることができます。これらの機能を適切に使用しましょう。音声通話やビデオ通話など、よりパーソナルなコミュニケーション方法もあります。

考慮しなければならないことが非常に多いので、リモートワークでのコミュニケーションは大変です。適切な状況で適切なメッセージを伝えるために、どの媒体を使うかを見極める必要があります。伝えようとしているメッセージごとに、受信者の好みを考えてみましょう。

あなたが一緒に仕事をする人の中には、メールが嫌いで、いつも15分程度のチャットを好むという人がいるかもしれません。一方、管理がとても簡単だからメールの方がよいと言う人も、記録を残すためにすべてのコミュニケーションをメールで行いたい人もいるでしょう。あるいは、常に会議に出席しているけれど、インスタントメッセージなら一日を通して、いつでも見られて便利だと言う人もいるかもしれません。したがって、できるだけ、相手にとって最善の方法でコミュニケーションを取るように心がけましょう。

どれが最適な媒体かは、何を伝えようとしているかによっても異なります。例えば、チーム全体に期限や成果物について伝える場合のように、保存されている文書で伝えた方がよい場合もあります。一方、秘密情報や困難な会話は、電話で行うのがよいでしょう。こうした会話には、お互いの表情を見ることのできるビデオ通話が最も適していると考えられます。

書面でコミュニケーションを交わすとき、文字にしたものは残るということを忘れないようにしなければなりません。あなたが書いたことすべてが記録された証拠となり得るのです。また、あなたがどんな人なのかを、文書を通して同僚に印象づけることにもなります。

リモートワークではそれが、同僚があなたを知ることのできる唯一の方法かもしれません。ですから、書いたことがどのように相手に伝わるかをよくよく考えることが重要です。誤解を招かないように、俗語や軽い言葉遣いは避けた方がよいでしょう。いつもできるだけ丁寧に、正しい文法で書くようにしましょう。

メールを作成するときには、考慮すべき点がたくさんあります。その中でも特に重要なのは、宛先の欄です。だれに送るのか、だれをCCに入れるべきかを考えましょう。例えば、来週締め切りのプロジェクトの進捗状況をチェックする場合、主な受信者の上司にCCを送るのは適切ではないかもしれません。上司をCCに入れることによって、だれかを裏切ったり、なんらかの形でトラブルに巻き込もうとしていると見なされる可能性がよくあります。

しかし、予定より早くプロジェクトを終え、素晴らしい仕事をしてくれた人に感謝のメールを送る場合は、その人の上司にCCを送ることは、その人の功績が認められるようにするためのよい方法です。

メールでのコミュニケーションでは、件名も同様に重要な要素です。件名は用件がよく分かるようにするのがよいでしょう。多くの企業には、特別な注意を必要とする場合の規約があります。緊急の場合や返事がすぐに必要な場合は、件名の頭に「緊急」や「要応答」と書くように求められることもあるでしょう。チームによっては、一目でプロジェクトの情報が分かるように、件名にプロジェクト名とコロンをつけるように決めているところもあります。

メールの長さにも気を配りましょう。長すぎるメールは、読むのを後回しにされることがありますから、できるだけ簡潔にしましょう。ポイントを強調するために箇条書きにしたりリストには番号をふったりするとよいでしょう。特に複数の質問をするときは、相手が番号で回答できるように、質問に番号をつけると特に役立ちます。あなたが複数の質問に回答する場合には、相手の質問とあなたの回答が区別できるように、回答を違う色で書くとよいでしょう。

どのようなコミュニケーションもできるだけ明確にして、相手の意図が理解できているかどうかを確認しましょう。相手が何を言おうとしているかが分かっていると思い込んではいけません。分からないことがあれば質問しましょう。コミュニケーションでは、言外の微妙な暗黙の手がかりに注意を払いましょう。それを無視するのは危険です。

往々にして、私たちは書かれた言葉の意味を、書き手の意図よりもネガティブなものとして受け取る傾向があります。送信ボタンを押す前に、もう一度自分の書いたメッセージを読んで、意図したトーンが伝わるかどうかを確認してください。バーチャルな世界でのコミュニケーションでは、気をつけなければならないことがたくさんあります。思慮深いコミュニケーションを選択することによって、理解と良好な関係が深まります。

期待値を設定して透明性を高めましょう

従来の職場勤務と在宅勤務の大きな違いの一つに、透明性があります。会社やその他の物理的な場所で——正式な記録のためであっても、時間通りに出勤していることを周囲に知らせるためであっても——タイムカードの打刻が要求されている場合、だれかが不在になると非常に目立ちます。あなたが会議に出席しているときやクライアントを訪問しているときは、あなたの暗いデスクや空の椅子が不在を示すからです。

だれかがあなたに会いに来ても、たいてい近くの席の人が、あなたが会議中であることを伝えてくれるでしょう。そしてあなたが戻ってきたときには、近くの人たちが、だれが探しに来たかを教えてくれるはずです。

今度は、リモートワークの場合を考えてみましょう。同僚やクライアントがあなたからメールの返事が来なかったり、様々なインスタントメッセージ・プログラムにも、あなたの存在が見られない場合は、あなたが会議中かクライアントを訪問中であることを意味しているかもしれませんし、あるいは、長い昼休みを取っていると思われるかもしれません。でも本当は単にプロジェクトで忙しくて、しばらく他の人からのコミュニケーションを無視しているだけかもしれないのです。

最悪の場合、何か大変な事件が起きていても、あなたがそこにいないことに気づくまで長い時間がかかってしまうこともあるでしょう。そこに異なるタイムゾーンの問題が加わるとより問題は大きくなります。あなたのスケジュールと居場所を「見える化」することが、どれほどリモートワークを成功させるために重要かが分かりますね。

私は、直属の部下たちとの1回目のミーティングから、常に、期待について対話をするようにしています。部下に期待することは、私も同じようにお手本を示します。部下にも同僚にも、週日は電話やメールに24時間以内に返答するように、そして週末には緊急の場合にだけ返事をするようにしています。同様に、彼らの時間も尊重します。

毎朝カレンダーを見て二つの会議が重なっていれば積極的に一つを変更して、すべてのやり取りに完全に参加できるようにしています。こうすることで、社員たちがミーティングに遅刻したことを指摘する場合にも、信頼性が得られます。しかし、リモートの同僚たちがみんな私と同じように対応できると思い込まないように注意しています。自分の方法を他の人に押しつける権限などありませんから、週末に急な仕事で助けが必要なら、事前に、彼らに週末の都合を尋ねるようにしています。

——メロディ・ヤング

在宅勤務のよいところは、たいていの場合、自分で勤務時間の計画を立てられることですが、一緒に働く人たちにも、自分のスケジュールを大まかに知らせておくべきです。同僚やクライアントがそれに応じて計画を立てられるように、いったんスケジュールを決めたらできるだけ厳守するようにしましょう。あなたの勤務時間を、メールの署名欄や、ウェブページや、オンラインで仕事関連のプロフィールを載せているところなどに、記すようにしましょう。通常のスケジュールが守れないときには、メールの不在メッセージの返信機能を使えば、送信者があなたから即座に返事をもらえないことが理解できます。

同様に、使用しているメッセンジャープログラムにもステータスの更新をしておけば、オンラインであなたに連絡をしてくる同僚やクライアントに、あなたが不在であることが分かります。インスタントメッセージのプログラムは、同僚同士が迅速かつ簡単に連絡を取り合うのに大変人気があります。これらのプログラムの多くでは、自分のステータスを表示することができ、あなたがオンラインなのか、オフラインなのか、オンラインだけど応対できないのかが分かるようになっています。

しかし困難なのは、自分のステータスの更新を忘れないようにすることです。例えば、スカイプのあなたのステータスが何日も変わらないままだと、すぐに意味を持たなくなってしまいます。「応答不可」の表示が続いていると、だれもそれを信じなくなって、逆にいつコンタクトしてもいいのだと思わせてしまうかもしれません。

同様に、プロフィールの更新も維持されなければ効力を失います。更新するときは日付も書き込むようにすれば、たとえ在席と長く表示されたままになっても、それを読んだ人には少なくともあなたの本当の在席状況の見当がある程度つくでしょう。

期待値を設定するのは、仕事のスケジュールに限ったことではありません。メールやメッセージにいつどう対応するかも知らせましょう。職種やタイピング速度や個人的な好みによりますが、24時間以内にすべてのメールやメッセージに返信することができる人もいます。しかし、その反対に、現実問題として特定の曜日まではメールに返信することができない人や、返事は会議のときにしたいという人もいます。

相手にそれが伝わっていさえすれば、どちらの方法も有効です。メールに返答するまでの時間について、正式または非公式に決めている会社も多いので、それに従えば十分な場合もあります。

また、定期的にミーティングを行うことで、周囲への透明性と信頼を構築することができます。すべてのリモートワーカーにとっての選択肢ではないかもしれませんが、可能であれば、チームや個人間で定期的にミーティングを行うことで、あなたの一貫性を示すことができます。これをさらに一歩進めることもできます。共有カレンダープログラムを使用していれば、周囲の人があなたのカレンダーにアクセスして、いつ会議があるかを確認したり、あなたにいつ連絡がつくかを知ることができます。

プログラムの中には、通常の勤務時間をカレンダー上に設定できるものがあって、時間外にだれかが連絡をしてきたときには、送信者に時間外であることを告げる通知が届くようにできます。これは異なるタイムゾーンの人が、まだあなたが目覚めていないかもしれないことに気づかずに、早朝に連絡をしてくるときなどに、特に便利な機能です。

自分のスケジュール管理の責任者であるあなたは、毎日何をすべきか、一日のどの時間帯に仕事をするかが大体分かっています。しかしそれは、あなたが伝えなければ、他の人には分からないのです。あなたが応対可能か不可能かが同僚に分かるように、見える化しましょう。

仕事の仕方のパターンや習慣をつくれば、周囲の人もあなたからいつ何を期待できるかが分かって、信頼感が築かれます。他の人が何をしているかが見えないリモートワークにおいて信頼感は不可欠です。

プロ意識を保ちましょう

ぼくは、フットボール殿堂入りしたディオン・サンダース選手の「見た目がよければ、プレーもよし」というアドバイスを取り入れています。一日中パジャマで仕事をしたって構わないわけだけど、きちんとした服装をしていないとプロ意識が保てません。正しいマインドセットになって、会社に行く気持ちになれる服装をすることにしています。そうすれば仕事がちゃんとできて、チームメートの仕事にも真剣に向き合っていることが伝わります。

——ブライアン・セイベル

自宅のオフィスで仕事をするのか、近くのカフェやベランダで仕事をするのかを選べるのは、リモートワークの醍醐味です。しかしどこでも自由に仕事ができるということは、服装やコミュニケーションの仕方がカジュアルになりすぎて、他の人に与えるあなたのイメージに影響を与えるという新たなリスクを生じます。

パジャマ姿でビデオ通話をしたり、SNSで友人と話すような口調で同僚と仕事の話をしたりはしないかもしれませんが、時間の経過とともに、プロとしての基準が浸食されていくかもしれません。他の人との交流が限られていたり、オンラインの交流はあっても対面の交流がなかったりすると、知らず知らずのうちにプロ意識が薄れてしまうことがあります。

上半身はジャケットとネクタイという伝統的なビジネスウェア、下半身はカジュアルなショートパンツ――こんなリモートワーカーの服装を思い浮かべるのは、実におもしろいものです。二分割ファッションはリモートワークにはよくあることですが、特に問題になることはありません。まず下半身が見えることがないからです。しかしここで考えなければならないのは、下半身の快適さに流されて、あなた自身が設定した仕事と生活の境界線が曖昧になっていないかということです。

上半身だけをいつカメラに映ってもいいように身支度しておくことで、その境界線が守れるのなら、もちろん問題はありません。それも在宅勤務のメリットの一つでしょう。しかし、ときには、カメラに映っている間に立ち上がらなくてはならないことがあるかもしれません。ヘッドフォンを取りに行ったり、何か邪魔が入って部屋を出なくてはならないことがあるかもしれないことを認識しておきましょう。そうしたときに、下半身がカメラ対応できていないと、気まずい思いをします。

カメラに映らないように横滑りしながら出る方法をマスターするか、立ち上がる前にカメラにカバーをかけたり、オフにしたりするのを忘れないようにしましょう。もちろん、頭の先から足の先までカメラに映ってもよい状態にしておくのが一番安全です。

金曜日にカジュアルな服装で出勤する「カジュアルフライデー」は、バーチャル世界でもつくることができますが、自分で定めた境界線や、カメラを通して交流する相手や、企業文化や会社からの期待によって、その状況は違ってくるでしょう。同僚やクライアントが、あなたがカメラにどんな姿で映るかが予測できるように、スカイプやその他のツールのステータスを更新しておくことが賢明です。

従来のオフィスなら、社員のTシャツやショートパンツ姿を見れば、その日は会社のカジュアルフライデーだとすぐに理解できますが、リモートワークではそうはいきません。カチャカチャ音を立てるアクセサリー、野球帽、派手なシャツなどは、カジュアルフライデーであってもなくても、カメラには必ずしも適しているとは言えません。

あなたにとっては「仕事用」の野球帽であっても、会議の服装としてベストチョイスとは言えません。自分自身のニーズと会社からの期待の両方を考慮して、適切なものを選ぶようにしましょう。ワードローブを選んだら、いつも清潔に保って、あなたの服装のチョイスが、自分にも相手にも「仕事をする準備ができている」ことを示せるようにしましょう。

仕事に適した服装とカジュアルな服装の使い分けと同じように、コミュニケーションにおいてもフォーマルとカジュアルの使い分けに留意しましょう。インスタントメッセージやビデオ通話を通じてオンラインでチャットをすることは、フレンドリーで社交的な交流だという考えが染み付いている人も多いでしょう。

仕事の環境でこれらのコミュニケーション方法を使用する場合も、直感的にカジュアルになりがちなので、どの程度フォーマルにすればいいか、程度を正しく見極めるのが難しいかもしれません。この直感には逆らうべきです。オンラインの環境では、カジュアルになりすぎるより、フォーマルになりすぎるくらいが安全なのです。

あなたのメールやチャットメッセージがどのように解釈されるかを考えてみましょう。読むのはだれですか？　その人のポジションはあなたと比べてどうですか？　相手のことをどのくらい知っていますか？　誤解を招く可能性がありますか？　送信ボタンを押す前にこうしたことについて慎重に検討するのが賢明です。一般的にはジョークも控えた方が安全です。ジョークは通話のときのために取っておきましょう。

通常のグループ通話のためのガイドラインを前もって設定しておくと便利です。全員が共通認識を持てるようにドレスコード、会話のフォーマルさ、その他の関連ポイントをまとめておきましょう。むしろ形式ばらない方がグループ通話がうまくいくかもしれませんが、そんな思い込みをして相手に驚かれるリスクを冒すより、前もって確認しておいた方がよいのです。

カジュアルな方がよい場合も、もちろんあります。オンラインでゲーム大会や、バーチャル飲み会を開いたり、会社の幹部と社員が交流する時間をつくったりするところもあります。こうした組織化されたイベント以外にも、よく知っている同僚と一対一で話をすれば、リラックスして会話を楽しめるでしょう。要は、コミュニケーションの相手がだれかということです。SNSで友だちと話しているのではなく、仕事の同僚やクライアントと対話していることを意識しておきましょう。

社員が「プロ意識を持つこと」を思い出さなくてはならないというのは、おかしなことのように思えますが、リモートワークをしている人にとっては、時々こうしたことを自分に思い出させることが役立ちます。

従来のオフィス環境では、不適切な発言をすれば、周囲の雰囲気から、すぐにそれに気づいて、次からは違う言い方をするように覚えておくことができます。服装についても、上司や同僚の服装を毎日目にすることで、基準が分かります。話をするときも、聞き手の様子から、その場ですぐに内容を調整することができます。

しかし、リモートの世界では情報を宇宙空間に向けて送信しているようなもので、送られてきた返答の行間を読まなければならないことがよくあります。その場で調整する機会はほとんどありません。ビデオ通話でも、画像の遅延や音声の不具合があったり、一部の参加者がカメラに映っていなかったりして、相手の表情を読み取るのが難しい場合があります。しかし、そうした状況を認識しておけば、自分の意図した通りに伝わる可能性を最大限に高めることができます。

またどの程度プロフェッショナルに見えることが適切なのかについて、率直に上司や同僚に意見を求めることもできます。自己認識を深めることは大切ですが、外からどう見えるかも軽視はできません。じきにあなたは、必要なときはプロフェッショナルな印象を、状況によってはカジュアルな印象を与えるエキスパートになれて、意図した通りに自分を見てもらえるようになれるでしょう。

自己表現をしましょう

従来のオフィスの最も勤勉な社員の姿を思い浮かべてみましょう。彼女は毎日8時間勤務し、気が散ることもなく、きちんと仕事をやり遂げ、時間をかけて成果を上げ、仕上げた仕事は見直してから提出します。この優秀な社員は、おしゃべりの時間などないので、会話は短くポイントを押さえ、すぐに仕事に戻って生産性の高い質のよい仕事をします。

私は内気な性格ですが、リモートワークでは特に外向的なふりをしなくても成功できることに気づきました。洞察に富んだ質問をしてコミュニケーションを始めるようにしています。大きなオンライン会議で発言したり、仕事の進め方の変化について尋ねたり、今没頭しているプロジェクトについて、より経験豊富な同僚に意見を求めたり、といったことをしています。フィードバックを集めることによって、同僚や上司に私の達成したことが分かってもらえるし、私が進んでコラボレーションする用意があること、私が懸命に努力して成長していることを分かってもらうこともできます。

――ケイトリン・デューク

次に、この勤勉な社員がリモートワークをしていると想像してみましょう。彼女は家で仕事をしているので姿が見えません。すべてのやり取りはオンラインを通じて行われます。この社員は以前と同じように質の高い仕事をしているかもしれませんが、それが分かる人はあまりいません。これこそがリモートワークの最も興味深く、人によっては困難だと思う部分なのです。勤勉であっても、だれにも見えなければ成功につながりません。勤勉なゴーストと化してしまうだけです。

リモートワークでは、意識的に、そして慎重に自分の人格《ペルソナ》を管理して、優秀な社員であることを示さなくてはなりません。頭を低くし、よい仕事をして努力を認めてもらう、という長年の慣習はバーチャルな環境では通用しません。ありふれたことでも可視化しないと、あなたは文字通りに視界の外、つまり忘れられてしまいます。

それは、自分ではない人格に自分を変えるという意味ではありません。普段から仕事によって評価を受けるようにしている人なら、自己宣伝家になって、自分の進歩について声を大にして発表し続ける必要はありません。変わることは必要ですが、自分であることを極端に変える必要はないのです。それよりも、同僚とのやり取りをどう見える化できるかを考えましょう。これは、成功のための服装選びに似ています。ただこの場合、アピールするのは新しいネクタイではなくて、仕事の成果です。

しかし、オンライン上で優れた存在感を示せることが、仕事のまずさや生産性の低さを補ってくれるわけではありません。結果が伴わなければ、上手に話ができてもほとんど意味がありません。存在感を裏付けるものがないリモートワーカーは、すぐに見破られてしまいます。

実際、リモートワークでは、社員と雇用主の間の信頼感がより大切になるので、その信頼が裏切られると、そこには大きな影響が出ます。正直であること、そして適切であること。一緒に仕事をしている人に、あなたが仕事をきちんとしていること、そして仕事をやり遂げることを重視していると知ってもらいましょう。

人格を確立し、自分をアピールするには努力が必要です。意識的に行動を起こさなければ、あなたの存在は見えてきません。会社では、グループ・インスタントメッセージチャット、バーチャルコミュニティ、メールチェーンなど、様々なコミュニケーションの方法が設定されていることがよくあります。

率先してこれらのフォーラムをうまく利用して、あなたが取り組んでいることを共有し、あなた自身が完成させた自分の姿を、仕事仲間の意識の中に映し出しましょう。このようなやり取りが苦手な人もいるでしょう。それでも時間をかければ、控えめな人でも、同僚と必要なことを気軽に共有できるようになります。

興味深いのは、内向的な人もこうした環境で成功できるということです。かなり内気で、特に対人関係に長けていない人の多くが、オンラインでの交流では、別人のように外向的になることがあります。それも、文字によるやり取りだけではなく、ビデオ通話でもとてもうまく対応できています。通常の社交に感じる居心地の悪さが、テクノロジーというカーテンで遮られるのでしょう。

ですから、従来の職場で目立つ人や話の上手な人のような、いわゆる外向的な性格が自分に備わっていないと思っても、心配することはありません。あなたの性格が、従来の職場勤務ではあり得なかった方法で、この新しい世界にうまくフィットするかもしれませんよ。

だからといって、外向的な人がリモートで働くことを避けるべきだということではありません。リモートワークでは、他の方法では出会えなかったような人たちと知り合うことができます。別の都市や州、世界の異なる地域の人と一緒に働けるかもしれません。内向的な人でもインスタントメッセージを通じて、気の利いた文章による巧妙なやり取りに参加できることが多いので、オフィスの雑談はより楽しいものになるでしょう。仕事帰りに一杯飲みに行くことはできませんが、バーチャル飲み会も楽しいと気づく人が多くなりました。

バーチャルな職場環境は、ルールも要因も異なる、まったく別の世界だということを忘れないでください。オンラインで人格《ペルソナ》を示すということは、意識的に他の人とつながろうと決めることです。オンライン上で人格を形成するということは、自分が何を言うかを選択することです。新しい語彙を覚える必要はありません。自分を表現する方法を変えればよいのです。

オンラインのコミュニケーションは誤解を招きやすいので、同僚と効果的なやり取りをするためには、顔文字を使ったり、コメントを短くシンプルにしたりするとよいでしょう。メッセージやトーンを調節することで、きっと、あなたは優秀な社員としてだけでなく、チーム全体としっかりつながっている人として見られるようになるでしょう。

オンラインで仕事をするのは、とてもエキサイティングな機会です。職場勤務では得られない方法で、あなたの人格をつくることができます。当然のことながら、外向的な人は、活気に満ちたオンラインによるコミュニケーションにその性格を活かすことができます。

内向的なタイプの人にも、居心地のよい状態を保ったまま、オンラインで活躍し、多くの人と強く結びつけるチャンスがあります。あなたの性格がどちら寄りであっても、リモートワークでは、見える化することが必須なのです。あなたの仕事を前向きに見てもらえるようにすれば、将来的にさらに大きな成功を収めることができるでしょう。

上司との働き方について

上司が自分とどのくらいの頻度で話したいかを知っておくことが重要です。ぼくの場合は週に一度、一対一のミーティングでうまく行っていました。でも去年から、もっと迅速な働き方をしようということになって、一日10分ずつのミーティングに切り替えました。毎日のミーティングはテストケースとして期間を決めて行い、何週間後に終わらせるのかをカレンダー上にも設定しました。

残念ながらぼくたちは、ミーティングを10分以内で終わらせることができなくて、あっという間に20分、そして60分のミーティングになってしまいました。いつも多くのタスクについて話すことがたくさんあったからで、よいミーティングができていましたが、毎日60

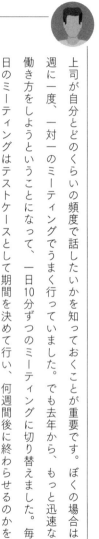

分の定例会議は、スケジュール的に無理になりました。テスト期間が終わってからは、必要なときには特別会議をすることにして、また週に一度のミーティングに戻すことになりました。

――パトリック・リーガン

ビジネスにおいて対人関係は、王様とは言えなくても、少なくとも黒幕だと言えるほど重要なものです。これは特に上司との関係について言えることです。上司はだれでも、代弁者にも見張り役にもなり得ます。リモートワークでは、マネジャーがあなたに与える影響はとても大きいものですから、上司との関係を良好にする努力を精一杯しましょう。直属の上司があなたのよき理解者になってくれれば、より熱意を持って効果的に仕事ができるようになります。

会社やマネジャーにとって、リモートチームのマネジメントがまったく新しい領域だというところもあります。従来のオフィスで、フリーランス（のリモートワーカー）を一人管理するのと、マネジャー自身も在宅勤務をしながらリモートチーム全体を管理するのとでは、まったく異なっています。

リモートワークを新しく取り入れた会社なら、あなたの上司は、見えないあなたをどう効果的に管理すればいいか悩んでいるかもしれません。上司に必要なものを求めるときは、粘り強く、丁寧に頼みましょう。何よりも、あなたの報告を受ける上司は、あなたが成功するのを助けたいと思っているはずだと想定しておきましょう。

ある媒体を通じて尋ねたことに上司が答えてくれない場合は、別の媒体を試してみてください。反応がないのは興味がないということだと、勘違いしないでください。上司は目前のタスクに取り組んでいて、情報のアップデートができていないだけかもしれません。それでも返事が返ってこない場合は、ベテランの同僚から答えを得られないか連絡してみましょう。

他から答えが得られたら、忘れずに上司に伝えてください。あなたと同じ役目の同僚の中にも、情報を必要としている人がいるかもしれません。毎日共に働いている別の部署の同僚が、あなたの必要な情報を持っていることもあるでしょう。いずれにしても、尋ねてみないと分かりません。要望はできるだけ偏りのない中立的な言葉にして、オンラインで記録を残しておきましょう。

多くの新任のリモートワークのマネジャーは、リモートの世界で部下に干渉しがちになるかもしれません。もしあなたのマネジャーがそうなら、それは必ずしもあなたが信頼されていないということではなく、ただ単に不確実さに対する反応なのかもしれません。でも幸いなことに、マネジャーが慣れない領域を切り抜けていくために、あなたにもできることがあるのです。

仕事で分からないことがあれば、質問しましょう！　初めのうちはコミュニケーションが多すぎると感じても、少しずつ減らしていって、お互いに納得がいく分量にしていけばよいでしょう。しばらくは過干渉に耐えなくてはならないかもしれません。お互いのことがよく分かるようになったら、どのくらいのコミュニケーションを期待されているか、ミーティングを提案して話し合いましょう。

同僚とどう付き合うかは、人によって違います。上司と直属の部下との付き合い方も人それぞれです。他のことと同様に、あなたの上司が、どのくらい形式にこだわる人なのかも知っておきましょう。部下と冗談を言い合うのが好きそうですか？　それとも、すべて仕事に関するコミュニケーションだけというタイプでしょうか？　オンライン会議と文書による報告のどちらを好みますか？　ある程度の柔軟性はあるかもしれませんが、いずれにしても、上司があなたに合わせるのではなくて、あなたが上司の好みに合わせるべきだと分かっていれば、よい関係が築けるでしょう。

すべての職務には、勤務基準があります。企業内ネットワーク《イントラネット》に、それぞれの職務のスコアボードを掲載している会社もあります。それがない場合でも、上司があなたに何をいつ求めてくるのかに注意を払っていれば、上司にとって一番重要なことを把握できるようになるでしょう。上司に質問するときは、上司にとって必要なものを正確に提供したいということを明確に示しましょう。

フィードバックを求めましょう。上司があなたの業績について、定期的に思慮深くバランスのとれたフィードバックをしてくれるのが理想ですが、現実的には、フィードバックは、あなたが求めない限り、日々の関心事に埋もれてしまうことがあり、リモートワークではそれが特に顕著です。リモートワークではだれもがよく働いているし、あなたの様子は一日の大半の時間、文字通り上司の目にとまらないからです。なんらかの理由で、自分の業績についてのフィードバックが得られない場合は、具体的な質問をしてみましょう。

「私の業績はどうですか?」では具体的とは言えません。「私はほかの人たちとうまくやれていると思われますか? 1から10の尺度でお答えいただけますか?」の方が具体的です。フィードバックを受けて、これまでのやり方を変えるようなら上司にそう伝えましょう。そうすることで、あなたが上司の意見を尊重して、よい仕事をしようとしている意思が伝わります。

上司と部下は、たいていお互いに生産的な仕事関係を築くことができますが、もしそうでなければ、問題を特定するようにしてください。リモートワークでは、物事がうまくいっていないと孤立しやすいので、問題の特定が難しいかもしれません。それでも、必要な助けを得るためにできることはあります。

あなたと上司の働き方の違いが問題の原因かもしれません。この種の摩擦は、いともたやすく業績上の問題のように見えてしまうことがあります。例えば、あなたは前もって時間をかけて考えたいタイプなのに、上司はその場で回答を求めるタイプだとしたら、あなたは、戦略的思考能力がないと結論づけられてしまうかもしれません。こうした摩擦にどう対応するかは、かかわる人の性格によって異なります。

あなた自身が話し合いを提案して、直接問題提起ができる場合もあります。例えばこんなふうに呼びかけてはどうでしょう？「意見の食い違いに気づきましたが、お互いにとって解決策となるような方法をぜひ見つけたいと思います」。こうしたことができない場合もあるでしょう。ネットワークも役立ちます。まず、ネットワークの信頼できるメンバーに、自分の憶測がまちがっていないか審判になってもらいましょう。人脈があって、企業文化やあなたのユニットの大きな目標についてよく理解している人が理想的でしょう。あなたの言っていることが理にかなっているか、相談しましょう。

あなたの側に問題があると指摘されるのはつらいことですが、その場合は、否定しても何の役にも立ちません。もし上司の側に問題がある場合、その状況を耐えるべきか、あるいは変えるべきかについて、仲介役の同僚が、知恵を貸してくれるかもしれません。

また、自分だけでできることもあります。まず、職務をしっかり遂行しているかどうかを確認しましょう。勤務基準はきちんと満たし、下回らないようにしましょう。もしかしたら、他の部署の他のプロジェクトで活躍するよいタイミングかもしれません。あなたが他のチームのメンバーから高く評価されていることが分かれば、上司のあなたに対する見方が緩和されるかもしれません。それに、もし社内の他のポジションに移ることを決めたときにも、他のプロジェクトのマネジャーから推薦してもらえるかもしれません。

リモート管理されることには、即時にやり取りができて、中断されずに仕事を続けられるという、社員にとっての二つの得がたいメリットがあります。ほとんどの場合、上司との関係も、多少辛抱したり少し調べてみたりすれば、とてもよい仕事上の関係をつくることができるでしょう。

他の人と効率よく働きましょう

私が苦労して学んだことは、特にリモートワークでは、メールのやり取りよりも対面のビデオ通話の方が、よい対人関係がつくれるということです。私はメールを書くのが大好きです。都合のよい時間に書けるし、言葉遣いをじっくり吟味して、慎重にメッセージを作成できるからです。

でも、メールからは、ライブの会話のような、多面的な変化が得られません。それに、相手に「通話ではなくて、メールにしましょう」と言うことは、その人と話したくない理由が私にあるということになります。すると、その理由を検証して、どうすれば関係性を改善できるかを考えなくてはならないということになるのです。

――ヨ・ジュー・チョイ

新しいチームでのやり取りが始まったらすぐに、チームの働き方を観察し始めましょう。従来のオフィスでは、同じ場所で観察しているだけで、同僚たちのやり取りを簡単に見ることができます。リモートワークのオフィスでも、方法は違いますが、同じことができます。

多くのチームがインスタントメッセージのアプリを使っています。グループチャットをしているところさえあります。あなたもグループチャットに参加してみましょう。初めはただ同僚たちのやり取りを観察していればいいのです。グループチャットからは、チャットをする目的だけでなく、どのくらいカジュアルなチームなのかが分かります。同僚たちが楽しい一日にするために、おもしろい冗談を交わす場にしているかもしれないし、質問にすぐ返事をもらうためにチャットを使っているかもしれません。目的が分かれば、グループチャットをどのくらい頻繁にチェックしたらいいか、そこでどんなやり取りをしたらいいかが決められます。

定期的にチームでオンライン会議をするところもあります。ここでも、初めのうちは、チームメンバー同士のやり取りを観察しましょう。グループのオンライン会議も、チャットと同じ感じだと思うかもしれませんし、まったくトーンが違うと思うかもしれません。それは、直属の上司や会社の幹部が参加していることや、フォーマット自体が違うためかもしれません。

あなたのチームは、グループチャットは冗談を言い合う場、そしてチームミーティングは、仕事を達成する場と決めているのかもしれないし、その逆もあるかもしれません。リモートワークでは、同じチーム内でも、使うプラットフォームによってダイナミクスが変わることがよくあります。そこで、どんなコミュニケーションの方法をどんな目的で使っているのかを理解することで、チームとの関係を積極的につくることができます。

　コミュニケーションへの応答の早さと頻度も重要です。どのくらい早くメールやインスタントメッセージやその他のコミュニケーションに返信するか、その基準を決めているチームもあります。基準が分かったらそれに従えばいいのです。チームメンバーへ送った質問の回答の催促《フォローアップ》についても同様です。例えば、1週間以内の回答が基準なのに、3日後に催促しない方がいいでしょう。でも1日以内に返事をするのが決まりなら、1日過ぎたら催促してもよいのです。

　このアドバイスは、自分のチームだけでなく、他のチームとの仕事にも応用できます。他のグループとのプロジェクトの参加に抜擢されたり、通常から他チームとコミュニケーションを取っているようなら、そのチームの規範があなたの「ホーム」チームとどのように異なるかに特に注意を払い、それに応じてアプローチを調整することが必要になります。

　分からなければ尋ねましょう！　どうしてほしいのか分からなくて、特に指示がないようなら、自分はどのようにコミュニケーションしたいかを、そのチームに伝えましょう。そうすることで、曖昧さがなくなって、あなたの行動が相手にとって明白になります。

　チーム内での自分の役目を理解することも、同僚との働き方に影響を与えます。リーダーとしてチームに入ったのなら、チーム内の他のリーダーの行動を注意して見てみましょう。もしあなたが、だれかの後任として入ったのなら、前任者が他のメンバーとどのように作業をしていたかという情報を集めると役立ちます。特に何がうまく行ったのかを知ることが重要であると同時に、うまく行かなかったことからも学ぶようにしましょう。

リモートワークの職場で同僚と仲良くすることは、従来のオフィスの場合よりも難しいことではありません。ある意味では、もっと簡単かもしれません。好みに合わない音楽を聴かされたり、人のランチの匂いを嗅がされたりしなくても済むのですから。少しの忍耐力を持って献身的に努力すれば、あなたがかかわる人たちとポジティブな仕事上の関係が築けて、目標を達成し結果を出すことができるでしょう。

直属でない部下のマネジメントについて

直属の部下とのやり取りでは、仕事上の関係性がはっきりしています。あなたはタスクを与え、部下はそれを遂行します。計画通りに行かないことがあれば、期待値を設定して、すぐにフィードバックを与えるようにしましょう。指導や処分が必要だと思うこともあるでしょう。また、チームの中に伸びそうな部下がいれば直接、慎重に指導し、新たな機会に向けて準備できるように手助けしましょう。一方、直属でない部下のマネジメントは、それほど平易ではありません。これは、従来のオフィス環境でもリモート環境でも同じことが言えますが、大きな違いはどの程度積極的にコミュニケーションを取るかということです。

従来の職場では、他部署の部下が様々な仕事をしている姿を普段から見ることができるかもしれません。部屋の向こうから何気なく眺めているだけでも、その社員が成果を上げているか、あるいは助けが必要かが分かるでしょう。その社員の直属の上司とあなたが近い関係にあって普段から連絡を取り合っているのなら、その社員の様子を気軽に共有することができます。しかし、リモートの環境では、そういった視覚的な手がかりが何もありません。直属ではない部下をうまく管理《マネジング》したければ、直接、フィードバックの回路をつくる必要があるでしょう。

信頼関係を築くことによって、直属でない部下をうまく管理できるようになることがよくあります。その社員のニーズやモチベーションを理解することから始めましょう。この人は、この仕事をしたいと思っているのでしょうか？　必要性を満たすために、この仕事をあてがわれただけでしょうか？　社内における職務経歴を強化するために、別の仕事もできると証明して、新しいチームに参加するよいチャンスにしているのでしょうか？　あるいは、今のチームで苦労していて、他へ異動になる可能性がありそうですか？

彼らの状況やその背景を知ることで、その社員の気持ちが分かって、適切な行動が取れるようになるでしょう。よい仕事上の関係をつくるために、彼らのことを正確に知る必要はありませんが、こうした情報があれば、どうすればうまく共に働けるかを理解するのに大いに役立つでしょう。あなたが一緒に仕事をする社員について適切なレベルの調査をすれば、共通認識を持って作業しているかどうかが確認できます。

リモートワークの場合、直属でない部下の背景を調べるのは複雑に思えるかもしれませんが、少し準備をして考えてみることで、必要な情報を得ることができます。それには、その社員の現在の上司との仕事の仕方を見ることや、最近の仕事の成功例や問題点を理解することです。そして過去または現在のできごとで、あなたのマネジメントのスタイルに影響を与えるかもしれないことなどについても調べてみましょう。その人が最優秀社員であっても、業務に問題の見られる社員であっても、報告の義務のある上司のニーズに合った方法で、職務を遂行するのに慣れなくてはなりません。

あなたの働き方は、その社員の慣れた働き方のスタイルとうまくかみ合わないかもしれません。するとイライラしたり、ミスをしたり、効率が悪くなったりするかもしれません。働き方が違っていても、あなたの方法は同じように効果的かもしれません。

直属ではない社員がなぜそうするのかを認識し、初めから期待値を明確に設定しておくことが不可欠です。リモートワークでは特にそれが重要です。なぜなら、何か違っていることがあっても、それが分かるまでにかなりの時間が経っていたり、もうすでにそのタスクが終了したりしていることがあるからです。

他の人を、いつ、どのようにコミュニケーションに加えるかも重要です。直属ではない上司にもすべてのメールのCCを送るべきでしょうか？　たぶんその必要はないでしょう。同僚たちの受信トレイを不必要なメールで溢れさせてしまうだけでなく、信頼関係を築くことにもつながりません。よりよい選択は、その社員があなたの下で働いている様子を、社員の直属の上司に定期的に知らせることです。さらに、こうした会話を直属ではない部下とも共有することで、透明性も保たれます。

このように適切かつ公式の方法を使えば、懸念があったときに、根拠を添えて安全な方法で伝えることができます。特にあなたが、その社員の直属の上司と親しい関係にない場合や、まったく面識のない場合には大変重要な方法です。事前に何の警告もしていなかった場合よりは、その社員に関する問題が起きたとしても影響は少なくて済みます。

直属の部下との仕事については、必ず記録を残しておくべきです。直属の部下のことはよく分かるし、仕事ぶりについてもはっきりと想像することができます。また、直属の部下について他の人と連絡を取り合う必要もあまりないでしょう。

一方、直属ではない部下の場合は、必要に応じて彼らのマネジャーに進捗を伝えなくてはなりません。彼らの仕事ぶりをきちんと示すことができなければ、あなた自身もよい印象を与えることができません。ですから、直属でない部下についても記録し続けましょう。みんなに喜ばれるだけでなく、自分にとってもよいことです。

――マイク・ウェバー

直属でない部下へフィードバックをすることを不安に思うことはありません。ただし、部下の通常の仕事についてのフィードバックなら、その人の直属の上司が関与している状況で行うべきですが、これには細心の注意が必要です。その社員の直属の上司を巻き込むことで、社員を困らせているかのように見られるかもしれないからです。それを避けるためには、明確なコミュニケーションの強い基盤と定期的な連絡が重要です。そうすれば、問題提起が必要になっても関係者はだれも驚かないし、実際より深刻に受け止められることもありません。

その社員の業務についてすでに本人にフィードバックをした後で、正式な報告を彼の上司にする必要はないと思ったら、代わりに簡単でパーソナルな報告をしておけば十分でしょう。たとえその社員があなたやあなたのチームのためにしていた仕事であっても、問題が人事にかかわるものであれば、直属のマネジャーが主導するべきです。

直属でない部下を管理《マネジング》することは、大変よい経験になり得ます。新しい人と出会えるし、ネットワークを広げることにもなります。いつもと違うマネジメントの方法や働き方を知ることもできます。とは言っても確かに、直属でない部下の管理は上手に行わなくてはなりません。あなたが、その社員と彼のマネジャーの両者と、明白で定期的なコミュニケーションを取ることがカギとなります。

もしあなたの会社にこうしたコミュニケーションのシステムがないのなら、あなたがつくりましょう。関係者全員にとってよい方法を見つけて、常にコミュニケーションを取り合うようにしましょう。リモートワークは、コミュニケーションの優れたシステムによって発展していきます。そしてこうしたシステムは、直属でない部下を管理する際に特に重要です。

オンライン会議の進め方

大人数のビデオ通話に参加する前に、オーディオビジュアルの具合を、信頼できる友人や同僚とテストしてみるといいですよ。オンライン会議には、対面の会議とは違う考慮すべき点がいくつかあります。例えば、私がリモートワークを始めてすぐの頃は、カメラアングルを考えずに、ミーティングに飛び込んでいました。どうやらその頃の私は、「カメラに半分しか顔が映っていない人」とあだ名されていたようなのです！　――クリスティン・ロビンソン

対面の会議からオンライン会議へシフトすると、オンライン会議があまり重要でないように感じられたり、そもそも会議のように感じられないことがあります。しかし、リモートワークではしばしば、オンラインの会議が唯一の方法なのです。本物の会議として対応すべきです。

オンライン会議では、全員の意見を聞くようにしましょう。人によっては、オンラインより対面で話す方が気楽だと感じる人もいます。人がカメラに映っている場合は、ジェスチャーや表情にも注意を払いましょう。顔の表情から、発言したそうな人がいることに気づくかもしれません。音声だけのミーティングなら、出席者のリストがあると便利です。出席者リストを見ながら一人ひとりに考えや最新の状況を尋ねることができます。

また、会議に参加している全員が同じ立場にあることを確認する方法もあります。例えば、3人が在宅勤務で、3人が職場勤務の場合、オフィスにいる3人が会議室で一緒に会議をするのではなく、各人がコンピューターの前に座ってオンライン会議に参加することで、全員が平等な立場になることができます。

たとえ全員ではなくても、一部の人だけが集まってしまうと、そこには「私たち」と「彼ら」という力関係がつくり出されてしまいます。また、会議室に集まった人たちがお互いに会話を交わしやすくなり、オンラインで参加している人たちの気が散ったり、情報を見逃したりすることも起きるでしょう。参加者全員を同じような状況にすることで、全員が平等に参加できているように感じられるようにしましょう。

ミーティングの時間を大切にしましょう。問題によっては、会議よりもメールや電話で解決した方がよいものもあります。さらに、会議では議題数を少なくしましょう。例えば、同じチームで五つのプロジェクトに同時に取り組んでいる場合、ミーティングではそのうちのいくつかのプロジェクトについてだけ話すようにすればよいでしょう。また、会議の前に議題のリストを送付しておくことも有効です。事前に予定されている協議事項を全員が知っていれば、準備ができて、与えられた時間枠と議題に沿って会議を行うことができます。

議題に優先順位をつけておけば、重要な事項を話す前にミーティングが終わってしまうことがありません。会議の残り時間が5分か10分になったら、リストの残りの項目をその時間内にカバーできるか、また別の会議を設定し直すべきかを判断します。重要な議題を急ぎ足で進めても会議時間がオーバーする原因になりかねません。新たな会議を予定する方がよい場合が多いでしょう。時間通りに会議を終了することは、関係者全員にとって最善の方法です。

しかし、会議は常に予定時間通りに行われるとは限りません。従来の職場では、例えば他のグループが次に会議室を予約しているというような、具体的な制限があるため、時間通りに会議を終了するのが比較的簡単です。あるいは出席者がそわそわし始めたり、時計を見たりするというような物理的なヒントが見える場合もあります。それがバーチャルの世界では曖昧です。

いくつかのボタンをクリックさえすれば一つの会議から次の会議に移動することも簡単にできます。しかし、オンライン会議でも時間通りに会議を終わらせることが重要なのです。曖昧さを自分に許してしまうと、気づかないうちに次の会議に数分遅れるようになってしまいます。すべてのミーティングに絶対に終わらせなくてならない時間を決めておくことで、参加者の時間が尊重され、仕事をスムーズに進めることができます。

会議を時間通りに終わらせるよい方法があります。あなたが会議の主催者であれば、割り当てられた時間枠に収まるような内容を計画しましょう。リモートワークでは、ちょっとした時間を使って休憩室や廊下で同僚をつかまえて、以前の会議の概要を素早くキャッチアップすることができません。だからこそこうしたキャッチアップを会議時間中に行うことが多いのです。

会議の最初と最後の数分をゆとりの時間としましょう。例えば1時間の会議なら、45分間分の議題を用意して、残りの時間はキャッチアップや、質問や、遅れてきた人のためやテクニカルな問題解決のために使いましょう。

カレンダープログラムには、30分のアポイントメント時間なら25分、1時間のアポイントメント時間なら50分のように、予約時間より短い実行時間を設定できるものもあります。こうすることで、チームメンバーが、ゆとりを持って休憩したり次の会議のために備えたりすることができます。しかし、こうしたゆとりの時間を効率的に使うためには、会議の終了時間を守らなければなりません。

ミーティングに遅れるのが避けられない場合もあります。従来の職場なら、あなたが遅れていて、まだデスクに戻っていないことが打ち合わせの相手に実際に見えますし、会議室をちょっと覗けばあなたがまだ会議に入っていることも分かるでしょう。でもオンライン会議では、そうはいきません。もしオンラインの打ち合わせに遅れたら、相手にとって、あなたが一体どこにいるのか、なぜ遅れているのかを知る方法はとても限られています。

遅れそうならどのくらい遅れるのか、相手に急いでメッセージを送っておきましょう。「前の会議がまだ終わらないので10分ほど遅れます」のように短く要点だけを述べるので十分です。参加者が複数いる場合は、あなたが10分遅れることが分かればとりあえずミーティングを始められるかもしれませんし、数分の遅れならあなたを待ってから始めようとするかもしれません。ミーティングの相手が一人だけなら、その10分をメールチェックや軽くスナックを食べたりする時間に有効活用できます。状況を伝えることは相手の時間を尊重することなのです。

ミーティングの時間を確実に守る方法の一つは、ミーティングとミーティングの間に必ず休憩時間を設けておくことです。午後2時から3時まで会議があったとしたら、次の会議は午後3時30分までは入れないようにしましょう。30分のゆとりがあれば、前の会議が数分遅れても問題ありません。実際にこのような余裕の時間を計画してカレンダーに組み入れておけば、その時間帯には、他に何も予定が入らないようにできます。

余裕の時間を組み込むもう一つのメリットは、その間に確認や報告《ディブリーフィング》ができることです。会議によっては、課題ややることを持ち帰らなければならない場合があります。そうした新しいタスクを書き留めたり、実際にいくつかのタスクを済ませたりするための時間が少しあれば、一日を効果的に使うことができます。

オンライン会議は、短期間で多くの仕事を成し遂げるための素晴らしいツールとすることができます。会議のあらゆる面を的確に計画することで、リモートワークがあなたにとっても同僚にとっても、より生産的で快適になるでしょう。

緊急時および支援が必要な際のコミュニケーション

私たちは孤立状態で一人で仕事をしているわけではありません。一週間の間には、だれかに何かをしてもらう必要があったり、他の人に何かを求められることもあるでしょう。簡単な要求で、同僚が喜んで助けてくれる場合もありますが、みんなが忙しくて、必要なことを得る手段が限られてしまう場合もあります。必要なものの緊急性を伝えることや、それを手に入れることには、それ自体、熟練の技が必要です。

私たちはだれでも、何でも今すぐにやってほしいと言う同僚（仮に、「大至急のフランク」と呼びましょう）に遭遇したことがあるでしょう。もしかしたらあなたも、今やっていることをすべて後回しにして「大至急のフランク」を助けた後で、「大至急」は単にフランクの妄想だったと気づいた経験があるかもしれませんね。あるいは、真逆の「無言のサリー」があなたの周囲にいるかもしれません。

「無言のサリー」は、仕事に圧倒されていたり、締め切りが過ぎるまでタスクが終えられそうになくても、あなたに伝えてはくれません。彼女の無言のせいで、あなたも締め切りをミスしてしまうかもしれません。「大至急のフランク」や「無言のサリー」は、リモートワークではすぐに、信頼できないとか一緒に仕事がしにくいというような評判が立ってしまいます。

どのようなキャリアでも成功するには、自分自身が「大至急のフランク」や「無言のサリー」にならないようにベストを尽くし、またそのような同僚を見極めて、やり取りをうまく管理する必要があります。それは仕事を超えるスキルです。まず、自分が何を必要としているのかを理解する必要があります。ほとんどのニーズは四つのカテゴリー（情報、アクセス、スキル、承認）のいずれかに分類され、ニーズのカテゴリーによって、どれほどの調査を事前にできるかが決まります。

例えば、予算の承認が必要なら、関連するデータをすべて簡潔なメールやスプレッドシートにまとめておけば、承認する人が一目で情報を理解して判断を下すことができます。あなたが必要としているのが情報であれば、同僚に助けを求める前に、すでにその情報が別の場所に保管されていないかどうかを調べましょう。

事前調査を済ませておけば、人に安心して求めることができます。マネジャーやより経験のある同僚が、その情報はどの部署のだれに聞けばよいか判断する手助けをしてくれることがよくあります。必要な助けを得るカギは、適切な人に頼むことです。

何を必要としているのか、助けてくれるのはだれなのかが分かれば、いつその人にアプローチするかを考えることができます。従来のオフィスでは、その人のデスクに立ち寄って、忙しそうでなければ、「ちょっと時間をください」と頼むことができるでしょう。

リモートワークでは、人の顔を見ることができないし、複数のタイムゾーンにまたがって異なる部署に何十人もの同僚がいることもよくあります。このような状況では、アプローチする相手の仕事のリズムを知ることが肝心です。この日は給与計算で忙しいのだろうか？　朝は時間に追われる仕事をしていて忙しいだろうか？　月末は営業に出かけているのか？　相手にとって都合のよい時間まで待った方がよい結果が得られるかもしれません。

同僚にアプローチするタイミングが分かったら、次はどうアプローチするかを考えてみましょう。相手が忙しい場合は特にこのステップが重要になります。あなたの依頼を、できるだけ興味をそそる答えやすいものにしたいものです。まず、自分の必要性をはっきりと簡潔に述べることから始めて、自分で解決しようとした手順を簡単に述べましょう。またいつまでに必要なのかの目安も必ず伝えましょう。

例えば、「メアリーさん、今年の売上高は3％アップしますか？　その情報はあなたに聞けばいいと、ジョーさんに言われました。来週その結果をプレゼンテーションしなくてはならないのです」のように伝えましょう。「ちょっといいですか？　聞きたいことがあるんだけど」とメールを送るより、ずっと効果的です。

何が必要か、いつ必要なのかを伝えれば、だれもがその作業の優先順位を決めることができます。リモートワークでは、他の人が何に取り組んでいるかを見ることができません。自分の仕事の量に圧倒されているのか、もっとトレーニングが必要なのか、あなたの依頼よりも優先すべきタスクを与えられているのか、などについて知ることができません。そのため、プロジェクトの重要性と緊急性に合わせてフォローアップする計画を立てる必要があります。

タスクがシンプルで緊急性のないものであったり、会社が特定のタスクを完了するまでにどれくらいの時間をかけるかのガイドラインを定めている場合は、期日まで待ってから確認することもできます。しかし、タスクが複雑だったり曖昧だったり、絶対的な締め切りが決まっている場合には、何度かチェックするポイントを決めておくとよいでしょう。

だれかに何かを頼むときは、メールの件名に、何がいつまでに必要なのかを書くようにしています。本文の中でもなぜそれが必要なのかを分かってもらえるようにして、誤解のないようにします。直属の部下にメールするときは、件名に、「必要なことがら（要求していること）」と「いつまでに（締め切り）」を決まって書くことにしています。直属の部下以外なら、件名にそのように書きませんが、それでも何がいつまでに必要かを述べます。

コミュニケーションのスタイルは人それぞれなので、相手の働き方を知ってそれに合わせてアプローチすることが大変重要です。私のチームのメンバーの中には、ずばり必要なものを言ってくれれば、あとは放っておいてほしいという人たちもいます。それでもし十分よい結果が出せなかったら、これから先のコミュニケーションの改善策を話し合えばよいのです。タスクについて私と話したいからと、何度か途中でアプローチしてくるメンバーもいます。

時間が迫っている状況でも、できるだけ、ソリューション志向にならず、チームに無理を強いないようにしています。七方向から攻められ続けているとき、一歩下がって、チームのだれかに対処を任せるというのは、そのときには難しく感じられるかもしれません。しかしオープンに考えようとしています。チームがよりよい方法で問題を解決するかもしれないし、次に同じ問題が起きたときにアプローチの仕方を変えなくてはならないのは自分かもしれませんから。

――ボビー・アミレブラヒミ

これは、あなたがプロジェクト全体を管理《マネジング》している場合にも、その一部だけの場合にも当てはまります。プロジェクトマネジャーとして把握しておかなくてはならないことは無限にありますが、これらは大体四つの領域すなわち、アクセス、情報、スキル、仕事をこなす力に分類されます。

マネジャーとして自問すべきなのは、以下のことです。物事が予定通りに進んでいるか？ストレスを感じたり、忙殺されたりしている人はいないか？全員が仕事をするために必要なものを持っているか？　全員が何をすべきかを理解しているか？

逆にあなたが、ある一つのプロジェクトに個別に参加していて、マネジャーがチェックするポイントを設定していないようなら、自分でそのスケジュールを立てましょう。自分に期待されている仕事を必要な時間内にこなせているかどうかが確認できるし、問題が起きても早めに気づけば調整しやすくなります。

プロジェクトの範囲が変更になったり、新しく優先順位の高いプロジェクトを任されたりした場合は、できるだけ早く話し合って、スケジュールと期待値を調整する必要があります。あなたのプロジェクトに5時間を費やすことに同意した人が、さらに20時間も作業を続けられるとは限りません。同様に、仕事をこなす力が低下した際にも、プロジェクトチームの一員として積極的にコミュニケーションを取らなければなりません。

一緒にプロジェクトに取り組んでいる同僚たちとは、定期的に連絡を取り合えていることが理想です。しかし、残念なことに同僚の反応が悪くなると、他の人を巻き込んで解決しなくてはならない場合もあります。その際にもプロ意識を保ち、疑わしくても好意的に考えるようにすることが重要です。言葉の調子に注意して、相手に理解を示しましょう。最善の方法を探しているのであって、相手を貶《おとし》めようとしているのではないことを明白にしてください。

その相手がチーム内の人でもチーム外の人であっても、まずはあなたの上司に相談するのがベストでしょう。直接その人と話してくれるかもしれませんし、そうでなければ、あなたが次にだれに相談すればよいか正しい方向を示してくれるかもしれません。可能なら、組織の指揮系統に沿って、だれにいつ連絡を取るべきかについて確立されているガイドラインに従ってください。

「大至急のフランク」や「無言のサリー」にならずに、信頼関係を築きながら緊急性と必要性を伝えることには多少の配慮が必要です。一貫してそれに取り組んでいけば、あなたはすぐに、信頼できて、一緒に仕事をするのが楽しい人と思われるようになるでしょう。

適度な発散も大切

何年も前、まだ他の会社で働いていたときのこと、ぼくは同僚に「スカイプはなんて便利なんだろう、ワンクリックでみんながチャットでどんな情報を共有していたかが分かるし」と言ったことがありました。すると彼女はそれは自分には当てはまらないと言ったのです。彼女は毎日、仕事の終わりに自分が言ったことをすべて消していました。彼女はスカイプ上でずいぶんストレスを発散していたので、後から人に見られたくなかったのです。これはぼくにとって目から鱗でした。それまで、チャットにタイプすることを選別《フィルタリング》するなんて考えたことがありませんでした。プロ意識に欠けるようなことは何も書いていませんでしたが、それでも、書き込んだことは消さない限り長い間そこに残り続けるのです。

——マイク・ウェバー

仕事が大好きで毎日楽しく働いている人であっても、仕事上フラストレーションを感じることはあるでしょう。同僚との問題や、会社の管理プロセスの難しさや、ときには、急にタスクや締め切りが変更になって、個人的な計画をキャンセルしたり変更したりしなくてはならないこともあるかもしれません。仕事上のストレスの対処には、深呼吸をしたり、10まで数えたり、外に出て近所をひたすら歩いてみる、といったことが効果的ですが、ストレスを発散させることも必要です。リモートワークでも、適切なストレス解消法を見つけることがとても重要です。

憂さ晴らしをする相手は、慎重に選ばなくてはなりません。上司とオープンに話せる関係にあって、後で評価を下げずに、ストレスを発散できれば理想的です。上司はあなたの成長に責任があり、リモートワークの環境でおそらくだれよりもあなたのことが分かっているでしょう。他にも自由に苛立ちについて話せる、親しい関係の人がいるとよいのですが、あなたにはそんな人がいますか？　インスタントメッセージでチャットをしている同僚に向かって、さらに踏み込んで仕事のフラストレーションを愚痴ってもいいものでしょうか？

オンラインで短いやり取りをいくつも行っていると、相手のことがわりと分かっているような気になるかもしれませんが、注意が必要です。自分の立場と相手の立場を考えましょう。その人があなたの部下の場合は、あなたが自分の仕事についての不満をぶちまけるのを聞くと、逆の場合よりもはるかに早く、関係性が不適切な領域へと一線を越えてしまう可能性があります。

あなたの直属の部下や他の部署の部下があなたの仕事について正確な視点を持つことも大切かもしれませんが、あまりにも多くの微妙な情報を共有してしまう結果になると、その人の物の見方を大きく変えてしまうかもしれません。

ストレスを発散する相手は、あなたが普段から深くかかわっている人にしましょう。そういう人ならあなたがネガティブな感情を発散させるのをより広い目で見て理解してくれるでしょう。よく知らない相手に発散すると、その人のあなたに対する考え方や会社全体についての考えにマイナスの影響を与えてしまうかもしれません。

感情を発散する媒体を選ぶのも重要です。相手の反応をよく見て、必要に応じて調整することができるという意味では、ビデオ通話がベストかもしれません。壁を睨《にら》みながら電話で話すより、ビデオで相手の顔を見ながら話していれば、一線を越えて職場にとって不適切なことを言う可能性が低くなります。

文字で発散するのは、もっと危険です。メールやチャットのような記録の残る形でフラストレーションを吐き出すことは避けましょう。文書にしたものは永遠に残るかもしれないし、意図しない相手に転送されて誤解を受けたりしやすいのです。

また、ストレスを発散する時間も適切に選びましょう。従来のオフィスなら、同僚や上司が手が空いているかどうかが分かりますし、一緒にコーヒーブレイクをしたり、ランチを共にしたりする機会が多くあって便利です。一方オンラインの環境で、特にタイムゾーンが違う場合は、適切な時間を選ばなくてはなりません。

例えば、10分ほど時間をつくって上司や同僚に愚痴を聞いてもらってから、またすぐに通常の仕事を再開することができますか？　人に少し時間を割いてもらうのは、あなたの会社の文化に合ったことですか？　それとも、深刻なことを言っているのだと受け止められてしまうでしょうか？

うっぷんを晴らす時間を慎重に選んで、必要以上に大げさにならないようにしましょう。それから、愚痴はその時だけにして長引かせないことも忘れないように。内容や相手にかかわらず、1時間以上も愚痴るのはどんな状況でも、不適切と言えます。

ストレス解消の適切な方法も考えなくてはなりません。一般的には、まず聞いてくれる人に、今自分が悩んでいることを数分聞いてほしいと告げるのがよい方法でしょう。リモートワークでは第一印象が大切で、一度受けた印象は長く続くものです。もしあなたが、その相手に初めて愚痴を聞いてもらうのなら、ただ文句を言いたくて愚痴っているのではないこと、自分は大きな視野を持っているけれど、ストレスを軽減するために発散しているのだということが、相手に分かるような方法で話しましょう。

これは特に上司に向かって発散しているときに重要ですが、同じように、あなたを仕事以外ではあまりよく知らない同僚が相手の場合も、考慮すべきです。また、フラストレーションを表現する言葉遣いにも注意しましょう。ストレス発散は、自由奔放に行うものではなく、むしろフラストレーションを溜め込まないように気持ちを表現する制御された場だと捉えましょう。溜め込んだストレスがますます大きくなると、仕事を辞めたくなってしまうかもしれません。ガス抜きすることによって、生産的な解決法をもたらすこともあります。経験豊富な上司は、発散の機会を使って解決策をブレインストーミングしたり、感情を発散させた後は、その体験を学びに結びつけたりすることができます。

ストレス発散の仕方を考えるのは大仕事だと思うかもしれませんね。結局、発散することは自発的な感情に突き動かされた行為ですが、それがまた重要な点でもあるのです。職場でのストレス発散には意味があります。制御された方法で発散することで、それによる不利益を被ることなく、発散したメリットを得るようにしましょう。リモートワークの同僚に向かって発散する機会を持つことは大切です。だって、他にあなたの仕事上の問題を理解してくれる人はいませんから。

従来のオフィスなら、あなたが電話で歯がゆい思いをしてイライラして、ため息をついたり、こめかみを押さえたりしていれば、近くの同僚が気づいて同情してくれるかもしれません。しかし、リモートワークでは、他の多くのことがらと同じように、発散という行為が生産的な体験になるように、自分で状況をコントロールしなくてはならないのです。

Chapter 5

プロとしての進歩と成長のためのヒント

リモートワークでも、あなたの認知度を高めてキャリアアップすることができます。この章ではその方法について述べましょう。

自分のネットワークづくり

バーチャルのネットワークと物理的なネットワークには、明白な違いがありますが、多くの類似点もあります。バーチャル環境では、ネットワークが職場環境と同じように、あるいはそれ以上に大切です。リモートワークでは社内の多くの人とつながりが持てるというユニークな利点がありますが、それを効果的かつ頻繁に行うかどうかは、あなた次第です。

ネットワークを体系化すると効果的です。ネットワーキングを毎週、作業の一部に組み入れる枠組みをつくりましょう。入社したばかりなら、ビジネス全体の中での自分の役割を確認しましょう。会社が製品やサービスをどのように提供しているかを理解するためには、会社の組織図が有効なツールとなります。組織図がなければ、質問をしながら自分で組織図をつくりましょう。これは、あなたの将来のキャリアパスを思い描くためだけでなく、社内のシステムや人々がどのように相互作用しているかを知るためにも役に立ちます。

自分とコンタクトを取る人をリストにしましょう。一番交流の多い人の名前と連絡方法を書くだけのシンプルなものでもいいし、スプレッドシートのような詳細なものをつくって、仕事の上で重要な順に人の名前を書き込んでいってもよいでしょう。さらにリストを一歩進めてカテゴリー別に分けておけば、状況によってだれにコンタクトすればよいかが分かって便利です。

例えば、あなたが尊敬するリーダーや、貴重なアドバイスをくれる人のリストをつくってもよいでしょう。また、楽しくコミュニケーションができる相手で、プロとして連絡を取り続けたい人のリストもいいかもしれません。リストをどのように分類しても、必要なときに簡単にコンタクトできるようにしておくと便利です。

リストができたら、お互いを知るために15分から30分のビデオ通話を計画しましょう。たいていだれでも、自分のことを喜んで話してくれるでしょう。どんなことをしているのか、問題点は何か、仕事のどんなところが好きなのか、どのようにしたら一緒に仕事ができるのか、など尋ねてみましょう。

会話の後には、記憶だけに頼らずに、必ずメモを取っておきましょう。パーソナルなことも仕事関連のことも書いておき、時間とともに改良していきましょう。同僚の誕生日や趣味を知ることは、その人のスキルセットを知ることと同じくらい重要です。オンラインの社交に積極的に参加しておくことも役に立ちます。

毎日または毎週、連絡を取り合う人がいるのなら、お互いに都合のよい時間に定期的に通話をする計画を立てておくとよいでしょう。他の同僚とは、それほど頻繁に状況確認《チェックイン》を行わない方が適切かもしれませんし、電話やビデオ通話よりは気軽なメールの方が適しているかもしれません。こうした連絡に関するスケジュールをカレンダーに組み込んでおけば、人とのつながりがより保てるようになります。

連絡をしたら、相手の状況を尋ねましょう。それから（あなたがメモして覚えておいた）相手のプロジェクトや、次の仕事についても聞いてみましょう。こうしたことを定期的に行っていけば、同僚の役に立てる機会がすぐに来るかもしれません。

「もっと研修や開発に携わりたい」と言う同僚と、「最新の研修プロジェクトを手伝ってくれる人がほしい」と言う別の同僚とを結びつけることができれば、あなたは二人のネットワークで貴重な存在となるでしょう。ネットワークの中の人と定期的にコミュニケーションを続けていれば、あなたは日々の忙しさの中で忘れられたり見失われたりすることがありません。

また、ネットワークは固定されたものではないことも覚えておきましょう。定期的にネットワークを見直すことで、それぞれの人に適した頻度でコミュニケーションを取ることができます。だれともっと頻繁にコミュニケーションを取りたいか、だれとはあまりコミュニケーションを取らない方がいいかなどを、時間をかけて判断しましょう。

ネットワークは、あなたの安全網でもあります。助けが必要なときに頼れるのはだれなのかを知っておきましょう。あなたの仕事の様々な面で、それぞれ違ったタイプの支援が必要かもしれません。行き詰まったプロジェクトを推し進めるのに適した人材を探すのを手伝ってくれる同僚もいれば、厄介な対人関係に対処するのに力を貸してくれる同僚もいるでしょう。助けを求めることを恐れないでください。助けを求めることで、あなたはずっと効率的で効果的に仕事ができるようになります。

同僚の中で親しくなれた人たちと月に数回、カジュアルなビデオ通話をする予定を立てています。仕事の話もしますが、頭に浮かんだこともいろいろ話します。お互いにとって楽しくて、自由にアイデアを出し合うことができる意義のある時間です。私たちがこうして、離れていてもオンラインでつながっていることに、上司も価値を見出してくれています。従来の職場と違い、お互いを知るためには意識的に交流点をつくらなければならないのです。

——ジュリー・ミニック

リモートワークでは、地理的に遠く離れている仕事仲間ともつながりを持つことができます。これは、仕事についての異なる視点を得るために、またとない機会です。しかし、（従来の職場のように）物理的に同僚に会うことがないので、人間関係を保つためには、いっそう努力が必要かもしれません。あなたのネットワークを育て維持できるように、頻繁にコミュニケーションを取ることを意識しましょう。

地理的な制約がない場合は、直属のチーム以外の人とも、より効果的にコラボレートすることができます。さりげなく呼びかける技術をマスターしましょう。あなたがプロジェクトに取り組んでいる場合は、それを口実にして、別の部署の関係者の視点を得るべく働きかけてみましょう。もし、自分だけではどう解決したらよいか分からない問題が発生したら、経験豊富な同僚に相談してみましょう。人とのカジュアルなつながりも、見過ごさないようにしましょう。

好きなスポーツ、趣味、テレビ番組など、共通のことについて話すのは、チーム外の人との交流を始めるのによい方法です。チーム外の人の別の視点から新しい方法や戦略を学ぶことができます。そして、あなた自身の知識も、普段ならまったくコンタクトのない部署に役立てることができるかもしれません。

あなたの直接の指揮系統にはない人で、あなたよりも上の役職に就いている人たちとも交流することがあるかもしれません。人と接する際には、常にプロ意識と敬意を持って接することが勧められますが、特に上の役職の人との接触には、それが重要です。仕事の様々な面についての不平を言うのは避け、代わりに前向きなことや解決策に焦点を当てましょう。自分の最高の業績やアイデアを目上の人に示すことで、認知度が上がり、新しい機会が開かれます。新しい機会を与えられたら戦略的に行動しましょう。チームの外の仕事については、常に直属のマネジャーに伝えて、認めてもらうようにしてください。

仕事の初日から、自分のネットワークを徹底的に理解し育てることに時間をかけましょう。何週間、何ヵ月が過ぎても、そのネットワークを維持し、ネットワークの中で積極的に活動し続けましょう。そうすることが日々の活動だけでなく、あなたが選んだ将来のキャリアパスにも役立つでしょう。

認知度を高めましょう

あなたが今のポストに留まりたい、あるいは昇進したいと思っていても、いずれにせよ業績が認められることには多大なメリットがあります。優秀で信頼できる人だと思われれば、興味深い仕事を与えてもらえるかもしれません。優秀な人には、より柔軟性と自律性が与えられることが多く、それが前向きなフィードバックの循環へとつながり、自分が最も興味を持っていることに取り組めることで、ますます評価が上がり、チームや会社での評判がよくなっていきます。リモートワークでは、バーチャルなコミュニケーションがすべてですから、功績を認知してもらえることがさらに重要になります。

自分の業績を認めてもらいたければ、他の人を認められる人になりましょう。賛辞を惜しまない人になりましょう。同僚があなたを助けてくれたら、お礼をメールで送り、CCで同僚の上司にも送りましょう。チームメイトがあなたのスライドを見栄えよくするために余分な時間を費やしてくれたら、そのことを公の場で述べましょう。自分のしたことはいずれ自分に返ってくるものです。今日あなたが褒めた人が、明日はあなたを褒めてくれるかもしれません。

ぼくが以前働いていた会社ではある時期、リストラが行われていました。ぼくより経験豊富な人たちがレイオフされていましたが、ぼくはなんとか残りたいと願っていました。この時期に二人の上司の下で働きましたが、二人から同じアドバイスをもらいました。セルフブランディングをしなさいと言うのです。そんなことは考えたこともありませんでした。よい成果を出せるマネジャーになりなさいというのが、一人からのアドバイスでしたが、それは大きすぎる目標で、自分が引き継いだ市場の現状を考えると、高すぎる目標だと思

いました。もう一人の上司は、特定の分野を専門にすればいいとアドバイスしてくれました。そのときのぼくの業務は、アメリカ国外の市場管理だったので、外国マーケット全体についてのエキスパートになればいいと勧められました。そしてそれに専念した結果、何年か後にアメリカ国内マーケット担当に移ってからも、外国に合った方法について同僚から意見を求められるようになりました。

――マイク・ウェバー

リモートワークで功績を認めてもらうにはどうすればいいのでしょうか？　いろいろなやり方がありますが、基本的には、まずよい仕事をすること、次に自分をアピールすること、そして自分の貢献を承認してもらうことです。バーチャルの世界では、自分をアピールするのはあなた自身の責任です。他のだれかがしてくれると思ってはいけません。

自己宣伝と聞いただけで、あなたは身がすくんでしまうタイプかもしれませんね。でも幸いなことに、効果的な自己宣伝は決して、仰々しくて不誠実なものではありません。他の人にあなたの能力と業績を知ってもらうようにするだけでいいのです。

正しい自己宣伝の戦略づくりのために、まず自分にいくつか質問をしてみましょう。仕事をしているときのあなたは、どんな人ですか？　あなたを表しているものは何でしょうか？　その答えがあなたのプロフェッショナルとしてのブランドの基盤になります。セルフブランディングには、あなたの態度、労働観、スキルセットなどが含まれます。対面の場では、言葉や動作や存在そのものによって、自然とブランドが伝わります。でもリモートでは、セルフブランディングをもっと意識的に推し進めなくてはならないのです。

自分の強みや個性を軸にブランドを構築しましょう。あなたは調和を大切にする人ですか？そうであれば、態度という面では、常に前向きで解決策に焦点を当てていることをブランド化することができます。人と会ってネットワークを構築するのが好きですか？そうであれば、あなたはこのスキルに基づいて自分のブランドを構築しましょう。何かを成し遂げるために、同僚と適切な人とを結びつける手助けができる人として知られるようになるかもしれません。

あなたは、受信トレイが片付くまで仕事から離れられない人ですか？それなら、あなたの労働観をブランド化することを考えてみましょう。何があっても、時間通りにプロジェクトを終えられる人だということをアピールしましょう。

自分のブランドをつくったら、それがコミュニケーションや仕事の仕方に反映されていることを確認しましょう。リモートワークでは、考えを伝えるために声のトーンや身体的な表現に頼ることができないことが多いので、書面のコミュニケーションは、常に自分のブランドを意識しながら作成しましょう。

もしあなたが、一つ一つの問い合わせに、しっかり計画を立てて綿密に回答をする人だと見られたいのであれば、そのようにしましょう。一方、メールに素早く返事を出す人だと見られたいのなら、そうすればよいのです。自分の仕事上のブランドを一定に保ちましょう。一貫性は信頼関係を育てます。

自分のブランドを決めたら、次はそれを展開していきましょう。リモートワーカーであるあなたは、たぶん、様々なグループチャットや社内のメッセージボードのメンバーでしょう。こうした場は、人のために問題解決を手伝っていることを公にできる場なので、自然に自己アピールをすることができます。

例えば、労働観を軸にセルフブランディングを構築することに決めたとしましょう。だれかがチームチャットで、ある特定の情報を会社から得たいと言っていたら、あなたがその情報を作成しようと申し出ましょう。作成したものはグループで共有し、コピーを上司にも送ります。これは、人へのサービスを通じた非常に効果的な自己宣伝です。

こういったことは、組織の中で注目されるためには、どう声を上げればよいかということにもつながっていきます。あなたの声を聞いてもらうには、まずあなたの話には聞く価値があると思われなくてはなりません。これは、単に声を出すこととは異なります。まず、役割をきちんと果たし、チームの価値を高めることによって、あなたの専門的知識を示しましょう。そうすれば人々は、あなたの言葉に耳を傾けるようになるでしょう。

もちろん、だれとコミュニケーションするのか、どのような方法を使うのか、公の場なのかプライベートなのかといったことについても、考えなくてはなりません。注目されるようになればなるほど、業績だけでなく判断力も評価されるようになります。社内の委員会や作業部会に参加するのも、よい方法です。

部門を超えた委員会やプロジェクトで働くことも、直属のチームの外の人たちと知り合って、自分のブランドを広めるのによい方法です。自分にはこうした作業を手伝う用意があると、上司や同僚に知らせておきましょう。

リモートワークでも認知度を上げることはできます。時間をかけて、本物のブランドを築きましょう。問題解決の役に立てる機会がないか注意して見ていましょう。しだいにセルフブランディングが構築され、あなたは大切な社員として知られるようになることでしょう。

フィードバックを求めましょう

フィードバックと聞くと、勤務評定が頭に浮かぶかもしれません。勤務評定は、あなたの将来のキャリアや給料に影響を与えるものです。しかし、職場にはそれ以外にもたくさんの種類のフィードバックがあります。

例えばプレゼンテーションをしたり、会議の司会をしたり、プロジェクトを完了したりするたびに、自分のパフォーマンスについての情報を集める機会が得られます。従来のオフィス環境では、だれかがあなたのデスクに立ち寄って感想を述べてくれるかもしれません。しかしバーチャルな世界では、こうしたフィードバックは積極的に求めなくては得ることができません。

重要な会議でプレゼンテーションをしたら、オンライン会議にいた人たちの名前をメモしておきましょう。後で、その人たちに声をかけて考えを聞いてみることができます。的を射た質問をしましょう。

対面で話すときなら、「どうだった？」「どう思う？」という質問で始めて、そこから会話を進めていくことができますが、こうした自由な回答を求める質問は、バーチャルな環境の簡潔なコミュニケーション方法では、回答しにくいものです。その結果、望んでいたフィードバックが得られなかったり、まったく回答してもらえないこともあります。代わりに具体的に尋ねましょう。

例えば、プレゼンテーションの際に、ペン機能を使ってスライドに書き込むような新しい試みをしたときは、それについて意見を求めるといいでしょう。あるいは、何人かの人が遅れたため会議の開始が5分遅れたのなら、時間通りに来た人たちに、そのことについての意見を尋ねてみましょう。プレゼンテーション中にあなたが決めたどんなこともフィードバックを得る機会になります。詳しいフィードバックを集めるよい方法として、後から匿名アンケートを送ってもらうという方法があります。その場合は、参加者にそのことを伝えておきましょう。

アンケートは自分の答えがどんな結果を招くかを心配せずに、正直な考えを述べられるよい方法です。自分のスケジュールに合わせて答えられるという意味でも適切です。

同僚同士で、フィードバックのやり取りをすることを決めておきましょう。私のチームで評価をし合うときの大体のルールは、びっくりするような評価を行うのではなく、よい業績を称え合い、常に向上に向けて支え合うようにするというものです。

最近、私がチームの勤務評定をしたとき、ある同僚に提案されたことを試してみました。直属の部下全員に、私についてのフィードバックをしてもらったのです。

驚いて何も言わなかった人もいましたが、コミュニケーションや情報について、具体的なフィードバックをしてくれた部下もいました。こうして対話の扉を開いておくことで、素晴らしいアイデアを得ることができました。これからも同じように続けていき、私のどんなコミュニケーションについても、自然とフィードバックが得られるようにしたいと思っています。

――ケイトリン・デューク

プレゼンテーションやプロジェクト全体について、特定の人から詳しい分析を求めたい場合も、もちろんあるでしょう。包括的なフィードバックを得るための最適な方法は、ライブで行うことです。フィードバックをしてほしい人とオンライン会議を計画しましょう。相手のスケジュールと、通信速度のことも考慮に入れて行いましょう。

例えば、いきなりだれかに連絡をして、あなたのプロジェクトの成果のあらゆる側面についてコメントを求めるよりも、前もって計画して連絡をしておく方がおそらく効果的です。モニター越しに、一緒に座ってフィードバックをしてくれるかどうかを相手に聞いてみましょう。どんなミーティングにも言えることですが、意図を明確に伝えましょう。相手に考えをまとめてもらう時間を与えることで、より有益なフィードバックを得ることができます。

正直な意見を受け入れる心構えを持って、相手が率直に意見を述べられるようにしましょう。建設的な批判を受けると、つい自分の行動を正当化しようとすることがあります。そんなときでも、きちんとお礼を言って、後で考えられるように相手の言葉を書き留めておきましょう。前向きにフィードバックを受け取ることで、ポジティブな関係を築くことができます。そして多くの場合、相談した相手は、これからもあなたによりよい情報を提供してくれるようになるでしょう。

フィードバックは、上司や同僚、会議の参加者以外からも受けることができます。会社の上層部があなたの仕事ぶりをどう思っているか、そしてその理由が何なのかを知ることは非常に有益です。上層部の意見を知ることは、自分が取り組むべき分野を見つけるのに役立ちますし、スキルを向上させるリソースを得ることにもつながります。

他の人から集めた情報や、自身の反省に基づいて、あなたが取り組んでみたい特定の分野が見つかるかもしれません。最もよい学び方や改善の方法について上司に相談してみましょう。特定のスキルを教えるトレーニングビデオが会社にあるかもしれませんし、あなたが求めている知識を喜んで共有してくれる人が社内にいるかもしれません。新しいスキルを学んだら試してみましょう。

例えば、会議を1時間ではなく50分で終えるようにする新しいスケジューリングの方法を学んだら、そのスキルを試してみて、有益であるかどうか、正しく使えているかどうかを判断しましょう。新しいスキルがどれだけうまく機能したかは、自分自身でも実感できますが、これもまた、フィードバックを求める絶好の機会です。

フィードバックを得るプロセスに終わりはありません。完璧な人はいませんし、学ぶべきことは常にあります。フィードバックを得る練習をして、それを日課にしましょう。リモートワークでは、フィードバックを得る方法や、自分が何をしたいかを知る方法がまだたくさんあります。積極的に攻めていきましょう。

キャリアアップについて

ぼくはキャリアアップを目指して、いくつかの方法で新しいポストを探してみました。時間をつくって、興味のあるチームの仕事を少し手伝わせてもらいました。そのチームで、制限付きでいくつか仕事をさせてもらえたことは、楽しかったし、失敗もしませんでした。しばらくして、そのチームに大きなプロジェクトが任されて、戻ってきてもっと大々的に手助けしてほしいとぼくも言われました。

事前に時間をつくって、自発的に小さいタスクの手伝いをしていなかったら、このような大きなプロジェクトに参加させてもらえなかったでしょう。その大きなプロジェクトも成功し、チームのポストに空きができたとき、マネジャーがぼくを呼んでくれました。そしてその場ですぐにそのポストを得ることができました。

――マイク・ウェバー

リモートワークでキャリアアップをするためには、常時、十分な注意を払っていなければなりません。新しいチャンスがないか目を光らせ、自分が希望するタイプの職種にも注意していましょう。最近の職場では、キャリアアップにはいくつかの異なる道があり、それがいつもまっすぐな道とは限りません。時には、専門知識とスキルを開発するために、水平方向に異動することが理にかなっている場合もあります。

バーチャルの世界では、だれかのデスクの前を通りかかって、ネームプレートを読んでその人の役職を知ることはできません。廊下であなたとすれ違う人もいませんから、その特定の人がどんなポジションにいる人かを同僚が教えてくれる機会もありません。しかし、すべてのやり取りに注意を払っていれば、豊富な情報を得ることができます。

メールの署名を名刺と思って読めば、あなたにコンタクトしてきた人の役職や部署が分かります。そこから、様々なポジションについての役割や責任についての知識を得ることができます。社内の無数の職種を理解することで、様々なチームのことが分かるようになって、自分が将来どう進みたいかも考えられるようになるでしょう。

会議では、出席している人とそのポジションに注意を払いましょう。その人が会議とどうかかわっているかを見れば、その人とプロジェクトや部署全体との関係性も見えてきます。こうした側面を、その人の役職名と照合することで、それぞれの役職がどのような責任を果たしているかがよく分かるようになります。こうした情報は、あなたの次のステップを計画するのに役立ちます。また、身につけたい新しいスキルや、取り組んでみたい新しいプロジェクトについても知ることができるかもしれません。

特定の職種がどんなものかを知るのに役立つのが、見学して観察すること（「シャドーイング」）です。これは、その職種の人がどのようにタスクをこなしているかを見学させてもらって観察することです。この方法は、あなたの現在の役割を改善するとてもよい方法ですが、将来就けるかもしれないポストを試すのにも役立ちます。リモートワークでは、スクリーンを共有して特定のタスクについて話すことができれば、よい見学になるでしょう。

あなたの会社がどのように求人情報を掲載しているかを調べてみましょう。今のポストに完全に満足していても、現在社内にどんな機会があるのかに注意していれば、今まで意識したこともないポジションについても知ることができます。存在すら知らなかった部署のことが分かるかもしれません。オンラインの求人掲示板を定期的にチェックすることは、同僚の動向や異動を知るためにも役立ちます。他の人が社内でどう異動しているかを知ることによって、自分にも可能性のある道が見えてくるでしょう。

求人情報を見るときは、特定の職種に対する要件にも目を向けましょう。ポストによっては、特定の地域に住んでいることや、週に決まった時間数、働くことが要求されている場合もあります。自分のキャリアパスをつくる前に、その道にはどんなことが求められているかを知っておきましょう。

自分の役割以外の仕事をプラスして引き受けることも、キャリアを伸ばし、認知度を高めるためのもう一つの方法です。その際には、あまり手を広げすぎないことが重要です。こうして承認されることが重要ですが、あなたが自分の主な役割をきちんと果たしていることを一緒に働く人たちに見てもらうことも大切です。将来、彼らがあなたを新たなポジションに推薦してくれることもあるかもしれません。

仕事の責任に関して、自分の希望やニーズについて話し合うことは、キャリアの育成にプラスになります。あなたが異動したいと思っているポジションは、今は空いていないかもしれませんし、空きがあって応募しても採用されないかもしれません。しかし、そのような場合でも、あなたがそういうポジションに興味があることを人々に知らせることにはなります。すると、これまであなたと交流がなかったかもしれない他の部署にも、あなたの存在を知ってもらうことができます。

もし、これぞと思える新しいポジションを見つけたら、声を上げましょう。だれかがあなたに働きかけてくれたり、上司が連絡して知らせてくれると思ってはいけません。そのポジションを希望していることを知らせるのは、あなた自身の責任です。応募する準備を始める前に、まず直属の上司に伝えましょう。そうすることで、応募する動機を上司と話し合うことができ、透明性も保てます。

最も重要なことは、自分の仕事のどんな面が楽しいか、そしてどんな新しいことに興味があるかを、常に上司と話し合っておくことです。これによって、上司があなたに与える課題に影響が出て、今の役割の中でもあなたのキャリアが向上するでしょう。また、こうして仕事の内容を自主的に修正していく「ジョブクラフティング」によって、あなたのためのまったく別の役割がつくり出される可能性もあります。

興味のあるアクティビティやプロジェクトを現在の仕事に取り入れながら、今の仕事を調整し続けていけば、次第に今の仕事が自分の興味と目標に合うものになり、あなたのキャリアの新しい方向性が生み出されるでしょう。

職場勤務であっても在宅勤務であっても、キャリアと個人的な成長の責任は自分にあります。バーチャルの世界から、会社のすべての側面を見たり、成長の機会を発見したりするためには、より調査が必要かもしれませんが、知るべきことを知ることはできるはずです。自分のキャリアパスを希望通りに構築していくことは、自分自身が責任を持ってやるべきことなのです。

Chapter 6

特定の状況に対処するためのヒント

本書では主に、チームの形態にかかわらず、ほとんどのリモートワーカーに当てはまる問題と機会について述べています。この章では、起こり得るかもしれない、まれによくある状況について説明していきましょう。

対面で会うことについて

毎日チャットをしているリモートワークの同僚とでも、直接会うとなると、気後れするかもしれません。ランチを共にしたことも、隣に座ったことさえもないのですから。

それでも、全体的に見て、私とリモートワークの同僚との関係は、直接会っている同僚との関係よりも、物理的な近さがないだけ、むしろ強くなったと思います。離れているからこそ、もっと深い関係を築くための、さらなる努力をしなくてはなりません。毎日会社で会っていれば必要のない努力です。

私はリモートワークの一人ひとりと直接会うことを、自分の目標にしています。バーチャルの同僚と実際に会えれば、すぐに歩調が合います。毎日のチームチャットで人間関係の基礎をこれまでに築いてきたからです。お互いの生活のすべての面について知っていますから、同僚を自然に「友だち」と呼ぶことができます。実際に対面で会うのは、友だちに足が生えるようなものです！

——クリッシー・ダマスコ

リモートワーカーは実際に会ったことのない同僚と、仕事上の強い絆をつくることができます。多くの場合、メールやビデオやインスタントメッセージしか連絡方法がないことを考えると、これは素晴らしいことだと言えるでしょう。

一方で、リモートの同僚に時々、直接会えるという人もいます。もしあなたにもそんな機会があれば、ぜひ会ってください。もしあなたが、対面式の集まりを企画する決定権を持つリーダーであれば、そうすることを検討してみてはいかがでしょうか。対面のイベントによって社員たちが会社やチームとのかかわりを深めることができたと感じるかもしれません。

対面で会うことに意味がないと考える人も一部にはいます。オンラインで同僚とすでに有意義な仕事上の関係を築いており、直接会っても関係が深まることはないと思うのです。あなたもそう考えるかもしれません。しかし、会社の他の人たちはそうではないかもしれないのです。

あなたの言うことをいちいち誤解していた同僚が、隣に座って夕食を共にしてみたら、あなたのことをもっと理解してくれるようになるかもしれません。

チームに新しいポストをつくろうとしているマネジャーが、朝食ビュッフェの列に一緒に並びながら、そのポストに応募することをあなたに勧めてくれるかもしれません。対面で会う人みんなに何か素晴らしい気の利いたことを言う必要はありませんが、この機会を最大限に活用するためには、いくつかの事前準備をしておく必要があるでしょう。

同僚と対面で会う前に、まずバーチャルで出会えるように経営者がアレンジしてくれるのが理想的です。対面の会議の規模と、集まる人たちの関係性によって、どうアレンジするのがよいかが変わってきます。毎週、緊密に仕事をしている10人のチームであれば、オンライン会議の前に会話を交わす時間を特につくる必要はないでしょう。しかし、数百人の社員が集まる場合には必要です。

もし会社が、対面式会議の前にバーチャルで他の人たちに会う機会をつくってくれないようなら、自分でつくってみましょう。最初は気まずい感じがするかもしれませんが、非常に重要なことです。何人かの人と、ビデオ通話をしましょう。趣味、時事問題、今後の予定、仕事のことでも、何でも話し合おうと決めておきましょう。

事前にビデオ通話をするのは、直接会ったときに、すぐに相手に近づいて会話ができるようにするためです。相手の顔を知らなければ、話しかけられませんよね。

自分を内向的だと思っている人は、人付き合いやコミュニケーションで苦労するのではないかと心配になるかもしれませんが、つらい思いをすることはありません。少しの準備をしておけば、フォーマルな会議の合間に、交流したり歓談したりできるようになります。そのためにちょっとした世間話を用意しておきましょう。

仕事の話をする場合もありますが、仕事以外の話題も準備しておきましょう。あなたの同僚は、遠くから会議にやってきたのでしょうか？　今のところ楽しんでいるようですか？　この周辺を観光する機会はありましたか？　大規模な会議では、人との交流はまるで婚活パーティのように、人から人へと渡り歩かなくてはならないかもしれませんね。

特に話題を準備しておかなければ、リモートワークで普段あまり一緒に仕事をしない人とは、挨拶を交わしただけで、すぐに沈黙の時間が訪れてしまうかもしれません。興味のありそうな話題を調べておいて、会話を続けるために用意しておきましょう。会議の行われている場所周辺の観光スポットを調べたり、ビジネスに関する最近の記事や会議のテーマについて、ちょっとしたアイデアを提供したりしてもいいでしょう。

会話のネタをいくつか用意しておくことは重要です。同様に重要なのは、交流したい相手を特定しておくことと、その人との交流から何を得たいかを明確にしておくことです。上述のように、十数人の小規模な会議では、一人ひとりと話す機会があるでしょうから、このような計画はそれほど重要ではないかもしれません。しかし大人数の会議では、あなたのキャリアアップや関係強化のために、つながりたいと思う人を探す必要があります。会いたい人とその理由をリストにしておきましょう。そしてどう自己紹介をするか、相手から話し始めない場合は、何を言えばよいかも考えておきましょう。

多くの場合、あなたにとって重要な人と話す機会は、突然やってくるものです。エレベーターから降りてきたり、ビュッフェの列に並んでいたり。すぐそのときにつかまえなければ、イベント期間中に会う機会がもうないかもしれません。突然でも、事前に伝えたいことを準備しておけば、強い印象を与えることができます。

こうしたチャンスはめったに訪れるわけではないので、自分でチャンスをつくる準備をしておくことも大切です。大きな会議では、こうした機会をつくるためにより努力しなくてはならないでしょう。最悪なのは、リストに書いた人との会話を後回しにした結果、その機会をまったく失ってしまうことです。機会があれば利用し、なければ機会を求めましょう。

コンベンションでは、何人かで話しているところに自分も参加できるかどうかと歩み寄ってみるのは一向にかまわないことですし、自分たちの会話に新たにだれかを加えることもたやすいことです。話に加えてもらえるかどうかを探るために、その人たちのボディランゲージに注意を払いましょう。たいてい、あなたもその話題に参加することができるはずです。事前に準備しておいた話題を提供してもよいでしょう。

リモートワーカーは、このような社交（握手ができる！　相手の身長が分かる！）にやや飢えていることがあります。同僚との関係を深めるためには、何気ない交流が非常に重要です。しかし、注意しなければならないこともあります。ビデオ通話やリモートワークを通じて、すでに相手のことが、会う前からよく分かっている場合があります。すると、気まずい状況も起こり得ます。一日中オンラインで世間話で盛り上がっている相手なのに、実際に会ってみるとハグをしようとしないかもしれません。

あなたがハグをするタイプであっても、そういう場合は、熱烈な握手くらいにしておくのがいいでしょう。ハグするかしないかの判断基準となる十分な情報がないからです。逆にあなたが、ハグしたくない相手からハグされそうになったら、少し背中を後ろに反らせて、急いで握手の手を差し伸べることで、未然にハグを防げるかもしれません。ハグを拒否した代わりに、心のこもった握手をして、微笑みながら「ご本人にお会いできて、とてもうれしいです！」などと言ってみましょう。

もちろん、同じくらい重要なのは、計画されたイベントにおいてどう行動するかです。プレゼンテーション、会議、グループディスカッションなどが予定されていることが多く、こうした対面でのイベントで成功するカギはただ一つ、参加することです。同僚、直属の上司、スーパーバイザーは、あなたのリモートワークの業績に基づいて、あなたがどんな社員なのかという印象を持っていますが、対面で会うことで、その印象が変わるかもしれません。これは、周囲の人にあなたのよい印象を長く植え付けるチャンスにもなります。

プレゼンテーションではメモを取り、ミーティングでは質問をしましょう。小規模なディスカッションでは、適切なときにリードしましょう。コンベンション期間中、どのイベントでも少なくとも一度は発言していることが周囲に見えるようにしましょう。

> 昔のチームメイトの何人かと私は、今は社内でいろいろなポストに異動になっていますが、またいつか新たなグループ構成で一緒に働けると思います。パーソナルな友人同様に、以前の同僚とも連絡を取り合っています。昔の仕事仲間と時々話すのは、一日の息抜きになるだけでなく、将来また一緒にコラボレートしたり、上司と部下として働くことになった場合にも、強い絆を保てるので役立ちます。
>
> ——エル・マステンブルック

こうした対面で行う会議は充電のチャンスです。リモートワークに慣れない人もまだいますし、私たちの仕事がどんどんオンラインになっていくにつれて、人と直接会ってやり取りをする残された機会を最大限に活用することが、より重要になってくるのです。

リモートワークをする会社では、できれば社員同士が実際に会える機会を積極的につくってほしいものです。社員の側も、こうした機会ができるだけ有益なものになるように前向きに活用する必要があります。対面のミーティングのために行った準備は、その時だけでなく、リモートワークに戻ったときにも職場をより楽しくしてくれます。

同僚との関係を保ちましょう

今日のハイテクの世界では、仕事のペースが速くなる一方です。業務内容や責任の移り変わりが激しいだけでなく、組織図や指揮系統が頻繁に変わることもあります。リモートワークでは、それがより顕著です。リモートワークでは物理的にだれかのデスクを他のオフィスに移動したり、新しい役職名を記したネームプレートをつくり直す必要もありません。バーチャルな世界では、大きな人事異動もずっと少ない労力でできることが多いのです。これは、つまり今日の同僚が、翌日には上司になったり、その逆になることもあり得るということです。

ですから、将来いつか人事異動が起きることを想定して、今の同僚達との関係性を築いておきましょう。まだマネジャーでも上司でもないのに、そのように振る舞うべきだと言うのではありません。相手に接するときは、プロ意識を保ち、自分のイメージを意識するようにしたいという提案です。周囲の人の長所や短所を意識することも有効です。

同僚だった人の上に立つポストになったら、それまでに築いたよい関係を基盤にして、部下との良好な関係を構築することができます。同僚からマネジャーへと立場が変わると、会話の種類も変わりますが、同僚として得た知識はきっとよいチームづくりに役立ってくれるはずです。自分のチームの長所と短所を前もって知ることによって、だれが何が得意なのか、だれが何を学ぼうとしているかなどが分かるので、それに基づいたタスクの振り分けができて、チームとしての成功だけでなく、チームメンバーにも成功と成長をもたらすことができます。

しかし固定観念にとらわれないように気をつけましょう。同僚として熟知している人であっても、特定のタスクをどう行えるかは分かりませんから。スプレッドシートを使って大失敗したという話を、6ヵ月前におもしろおかしく話していた同僚でも、ここ数ヵ月間で、その技術を向上させているかもしれません。

新しいポストが空くと、多くの同僚が応募して、他の人があなたが望んでいたポストを得て、あなたの上司になるかもしれません。その同僚についての予備知識があれば、あなたの強みや経験が、新しいチームが強力なスタートを切るのにどのように役立つか、また、その中でのあなたの役割を明確にするための洞察力を与えてくれます。新しい上司も、あなたと同じように、この新しい関係性をたぶん気まずく感じていることでしょうから、お手柔らかに！

常に変化が起きやすいリモートワークの職場では、あなたのポジションが上がったり下がったりすることもあるでしょう。あなたが担当していたプロジェクトのマネジャーだった人を、次のプロジェクトではあなたがマネジメントすることになるかもしれません。あるいは、この二つのプロジェクトが同時に進行する場合もあるかもしれません。

同じ一日の中で、同じ人に対して、同僚として、あるいは直属のマネジャーとして、またあるいはその人の管理するプロジェクトの間接的な部下として対応しなくてはならないことだってあり得るのです。このようなときにはちょっとした合図を決めておけば、役割をシフトさせるのが楽になります。「今回私は、プロジェクト・マネジャーの帽子を（役割として）かぶっています」と言えば、みんなも頭の切り替えがうまくできるでしょう。

リモートワークを始めた一日目から、プロ意識を維持し、一緒に働くすべての人に敬意を持って接しましょう。同僚と良好な関係を築き、彼らの長所と短所を学びましょう。これらのすべての情報は、ずっと同僚のままでいても、将来同僚が部下になっても、たとえ同僚が上司になったとしても、将来的にあなたを助けることになるでしょう。

自分の功績を横取りされたら

私のチームではメールのテンプレートやツールやアイデアを毎週共有しています。そしてそれらがだれに帰属しているかということを、チーム内でも、もっと多くの人たちと共有するときでも、正しく伝えるようにしています。そもそも、帰属の誤りや混乱を避けるために、通常、功績はみんなで共有することにしています。

マネジメント面から言えば、そしてこれは、リモートワークにおいても広く当てはまることですが、アイデアや実績を適切に部下の功績にすることは、マネジャーがチームの部下や同僚たちとコラボレートしていることを示すことになります。また、建設的なフィードバックを認識しそれに基づいて行動していることも示します。私が部下のアイデアをディレクターに提供することにより、私が部下を育て長所を認めているという、マネジャーとしての信頼性が高まります。

——ケイトリン・デューク

テレビや映画では、会社というところが、だれもが自己中心的で出世に貪欲な、熾烈な闘いの場所として描かれることがよくあります。現実はもっと平凡なものですが、時には、人に仕事の手柄を横取りされてしまうことがあります。社内政治や誤った情報は常に存在しているものです。そしてそれはバーチャルな職場環境ではいっそう、不透明性を帯びます。

自分の功績を他の人に取られないように、より警戒しなくてはなりません。同時に、功績を与える相手をまちがえたり、逆に他人の功績が、意図していないのに自分のものと思われたりすることがあるということも、認識しておくべきです。

リモートワーカーは毎日膨大な情報を処理しなければなりません。そしてそれが、功績を適切に認識することを難しくしています。従来のオフィスでは、仕事のペースがもっと遅くて、対面でのコミュニケーションの機会が多いため、人々は文書の情報にもっと注意を払ったり、ものごとの経過を追ったりすることがたやすくできます。しかし、リモートワークでは、大量の情報がオンライン上に書き込まれているため、アイデアの発生源を見つけるのが困難になることがあります。

もしだれかにアイデアを盗まれたとしたら、あなた自身はそのアイデアを最初にビデオ通話で話したのか、インスタントメッセージに打ち込んだのか、メールで送ったのかを覚えていますか？　そもそも処理しなくてはならない情報量が多すぎることが、自分のアイデアを横取りされないように保護したり、誤って他の人のアイデアを盗んでしまったりしないための、大きな障害となっているのです。

もう一つの大きな障害は、同時に複数の作業を行うマルチタスクです。従来はマルチタスクの能力は称賛されるべきものでしたが、リモートワークでは逆に弱点になることがあります。オンライン会議中にメールをチェックしたり、インスタントメッセージのいくつもの会話から出たり入ったりしたり、ブラウザで複数のタブを開いていたりすることは、バーチャル世界では実に普通に見られることです。

残念なことに、このようにマルチタスクを行うと、多くの場合、仕事の質が低下する可能性が高くなることが分かっています。これが、アイデアや仕事の功績がだれのものなのかを分からなくする原因になることは容易に理解できます。

テンポの速いメールのやり取りの中で、あるアイデアが出てきたとします。それに続くメールの中で、だれかがそのアイデアを誤って他の人のものだと勘違いしてしまうかもしれません。そのアイデアをそもそも思いついた人は、マルチタスクをしているので、それに気づかないかもしれません。すると、反論されることも解明されることもないまま、そのアイデアの所有権は誤った人のものになってしまいます。しかも、所有権をまちがって得た人が、状況を不正利用して、誤りを指摘しないこともあるかもしれません。

でもその人が、メールのやり取りの最初の方で何が起きたのかをすっかり忘れていて、みんなが自分のアイデアだと言うからそうなのだろうと、勘違いしてしまう可能性もあります。

テクノロジーは所有権の境界線をさらに曖昧にします。これは現代のすべての社員が取り組むべきことですが、リモートワーカーには特に大きな影響を与えます。例えば、ある人から何かを聞かれて、それについて上司や同僚に尋ね、文書による回答を得たとします。あなたは得た回答を切り貼りして、そもそもあなたに尋ねてきた人へと転送するかもしれません。可視性の高いプロジェクトで、他人のアイデアをあからさまに持ち出す人は多くはいませんが、軽い気持ちで盗作してしまうことはあるでしょう。

あなた宛てに送られてきたメールは、あなただけのために書かれたものだと、どうすれば見分けられるのでしょう？　もしかしたら、送信した同僚は、だれか他の人のメールの大部分をコピーして送ってきただけかもしれません。それは、時間節約のためかもしれませんし、権威と知識があるように見せるためだったのかもしれません。ポリシーを誤って解釈するのを避けるために、正確であることが確かである別の情報源の文書を使ったのかもしれません。

多くの場合問題になることはありませんが、こうしたことをすると、どの情報がオリジナルで、どれが別の情報源から借りてきたものなのかが曖昧になります。他の人と共同でプロジェクトを行うときに、このような癖があると、意図的かどうかにかかわらず、アイデアをつまみ食いしてしまうことがあるのです。こんな罠に陥らないように注意しましょう。

自分のアイデアが他の人に取られてしまったことに気づいたら、どうすればいいのでしょうか？　まずは証拠を探しましょう。もしかしたらあなたの勘違いかもしれません。そのアイデアの出所を精査しましょう。その上で、問題を提起するかどうかを選択することができます。証拠がなければならないというわけではありませんが、裏付ける確固たる証拠がないままその問題を提起することは、気まずい会話をつくる可能性を高めます。

多くの場合、あなたのアイデアを横取りした人と直接対決することは避けたいでしょう。アイデアの価値にもよりますが、そこまですることはないかもしれません。上司に伝えるだけで十分かもしれません。しかし、より多くの人に向けて声を上げて、自分の功績を守る必要がある場合もあります。

必要に応じて問題を段階的に上へ提起していきましょう。その前に、どのようにして盗作が起きたのか、それを指摘することであなたは何を得ようとしているのかを明確にしておきましょう。高い役職の人物を相手取って問題を起こしても、何の結果も得られないかもしれません。また問題にするのをいつまでも先延ばしにしていると、もう、だれにも何も修正できなくなってしまうこともあります。

単なるアイデアではなくて、実際の仕事の功績がまちがった人に与えられてしまった場合は、より明白です。いつもとは限りませんが、こうした場合はだれが何をしたのかを立証するのが大体においてより容易です。あなたのした仕事なのに、その功績が認められないのは、単純なまちがいであることもよくあります。その場合の解決法は、状況とかかわっている人によって異なります。すぐに訂正を申し出ることもできます。また、上司や上層部の人の手助けが必要な場合もあるでしょう。

逆に、自分がやっていない仕事に対してあなたに功績が与えられたら、即座に与えられるべき人の名を挙げましょう。誤って功績を与えられた人の方が、被害を受けた人よりも、たやすく問題を是正することができるものです。

バーチャルな職場環境は、情報の受け取り方や処理の仕方に劇的な影響を与えます。同じできごとを複数の目撃者がまったく異なる、あるいは矛盾した方法で見ることがあるという話を思い出します。でも、スローダウンすることによって情報の見落としを防ぐことができるのです。

自分のアイデアやプロジェクトを記録し、まとまりのある方法で整理する時間を取ることで、正しい人に功績が与えられ、あなたがつくったものが、他の人の手柄になっていないかどうかを判断することもできます。警戒心と粘り強さをもって、自分の仕事と、それがどういう結果をもたらすかを、しっかり管理していきましょう。

子育てをしながらのリモートワーク

リモートワークのおかげで、私は意味のあるキャリアを成功させながら、発育期の娘としっかりかかわることができました。平日には子どもを学校に送って行ってから、仕事を始めるまでの午前中の時間に食料の買い物をします。そして月に一度学校でランチタイムのボランティアをします。娘の学校への送り迎えが毎日できるし、午後の仕事のミーティングの合間に宿題で分からないところがあれば教えてやることもできます。

仕事終了の時間を前もって決めてそれを守ることで、仕事と生活にはっきりした境界線を引いています。仕事の成果を上げながら、娘のための時間を一日に組み入れることができるだけでなく、毎晩、家族との時間を中断されることもありません。

――ドゥルー・チオッティ

一日中、子どもの世話をしながら仕事ができるリモートワークのポジションもありますが、あなたの仕事はたぶんそうではないでしょう。リモートワークが主流の会社では、勤務時間中には、保育所・ベビーシッターなどのチャイルドケアを利用することを明記したガイドラインのあるところもあります。この章では、あなたの会社にもそういう方針があり、すでにあなたがチャイルドケアを手配していることを前提として進めていきます。

子どもを持つことによって、人生のあらゆる面において、特別な層がプラスされます。リモートワークの経験もその一つです。あなたは家で仕事をし、家で生活し、そして家には子どもも住んでいます。労働者としてそして親として、この現実が仕事の流れにもたらすものに対処するだけでなく、会社の他の人たちが抱く、あなたやあなたの仕事の倫理観についての思い込みにも対処していかなくてはなりません。

どんなにうまくチャイルドケアや仕事場をアレンジしても、ある時点で子どもはあなたの仕事に侵入してきます。あなたの家が狭いアパートで、家の中で子どもの面倒を見てもらっている場合は、別の部屋で子どもの立てる騒音が仕事の通話中に大きく聞こえてくるかもしれません。

あるリモートワーカーは、子どもが「(兄弟げんかなどでの)正義の主張」やジュースの要求をするために、鍵のかかったオフィスのドアをノックしに来ると言います。ベビーシッターがすぐそばにいて、状況に対応できるとしても関係ありません。幼い娘に、「仕事部屋のドアが閉まっているときは、パパはお話できないんだよ」と言い聞かせても関係ありません。勤務時間は仕事のための時間だということなど、子どもはある時点ではすっかり忘れてしまいます。

子どもにとって、あなたはまず第一に親なのですから。

子どもを保育所に預けていても、こうした問題から逃れることはできません。リモートワークでは、社員はいくつかのタイムゾーンをまたいで仕事をします。必然的に、断れない人から勤務時間外に会議を求められることがあるでしょう。会議が通常の勤務時間外なのでチャイルドケアを手配する必要はないかもしれませんが、それでも仕事のやり取りにおいて、あなたはプロらしく振る舞いたいと思うでしょう。

子どもの侵入をすべて排除することはできませんが、それを最小限に抑えるための対策を講じることはできます。多くの親は、サウンドキャンセリング・ヘッドフォンが音の問題解決になると言います。あなたの子どもが未就学児以上の場合は、はっきりした視覚的な合図が役立ちます。例えば、「ママの仕事のビデオカメラに映ってしまわないように、床に貼ったテープの線から、こっちに入ってはいけないよ」という具合に。

また、オフィスのドアに鍵をかけたり、ストップサインをドアに貼ったりしている親もいます。廊下の騒音が反響する場合は、反響を消す方法を検討してください。小さな敷物をいくつか廊下に敷くだけでも効果があるかもしれません。勤務時間中には邪魔しないという習慣を子どもにつけるためには、常に思い出させることと、ロールプレイで練習することも役立ちます。

子どもの妨げは単純な問題で、少し時間をかけて方法を探す努力が必要かもしれませんが、ずばりの解決方法を見つけることができるでしょう。しかし、他の人による思い込みは、そうはいきません。あなたが仕事をせずに子どもの世話ばかりしているのではないか、と推測する人も少なからずいるのです。だれがそんな憶測をするのかは明らかではありませんが、大体において、似た経験をしたことのない人のことが多いようです。リモートワークの経験が浅い人や、従来の職場勤務の人や、子どものいない人の場合もあるかもしれません。

プロ意識を疑われると落胆するかもしれませんが、強く言い返したくなる衝動を抑えましょう。自分ではルールを守っていることが分かっているのに、こんな非難を受けるのはショックでしょう。でも、こうした言いがかりは無知から来るものだと理解することが重要です。

例えば、あなたと異なるタイムゾーンに住むディレクターが、自分や他のメンバーにとっての朝10時に緊急会議を招集したとします。でもそれはあなたのタイムゾーンでは、まだ早朝7時です。ディレクターは朝7時に会議をすることがどういうことなのかを、しっかり考えていなかったかもしれません。その会議の時間にはまだ子どもたちが家にいることを、あなたは伝えてあったかもしれませんが、ディレクターはそのメッセージを受け取っていなかった場合もあります。

直接上司に連絡するのが適切だと思われる際は、指定された時間に会議に出席はできるが、通常の勤務時間外なので子どもが家にいることを上司に説明しましょう。通常の勤務時間にはチャイルドケアを用意してあっても、パーソナルな時間には使えませんし、自宅のオフィスはあなたの唯一のオフィスであり、そこには子どもたちも住んでいます。あなたが連絡を取ることが適切でない場合は、あなたの上司または別の適切な人に代わって連絡を取ってもらうようにしてください。

リモートワークの経験が豊富な上司なら、社員の生活と仕事が時には混ざり合うこともあるだろうと理解を示すでしょう。職場勤務の人には、勤務時間外に会議を行うことのもたらす結果が自動的には理解できません。それがどういうことなのかを、あなたが明確にできれば、誤解や無礼な驚きを最小限に抑えることができるでしょう。あなたの労働観を疑う人が、あなたより組織内の地位が高い場合は、マネジャーや高いポジションの人に代弁者になってもらえば効果的です。その人とあなたを疑っている人とが近しい関係にあれば、さらによいでしょう。

あなたが仕事もせずに一日中子どもの世話をしていると思っているのが、あなたの直属の上司なら、少し微妙な戦略が必要になります。まず、なぜ上司がそう思うのかを考えてみましょう。あなたは、ごく最近親になったばかりかもしれません。以前、重要な会議に子どもが侵入してきたことがあったのかもしれません。もしそうなら、上司はそれ以前から、あなたに子どもがいることを知っていましたか？

馬鹿げた質問だと思うかもしれませんが、あなたが子どもと仕事場をきちんと分けていたり、仕事中に子どもの話をしなかったりしたのなら、その会議に子どもが侵入してきたことによって、上司は初めて、あなたの家に子どもがいることを知ったのかもしれません。

理由が何であれ、データはあなたのよい代弁者になります。自分の役割は子育てではなく仕事に集中することだとあなたが認識していることを、上司は分かっていますか？　あなたが仕事を締め切りまでに完了させていることを知っていますか？　あなたは同僚よりも仕事のペースが遅いでしょうか？　それとも同じペースでできていますか？　あなたは質の高い成果物を提出できていますか？　もしあなたが仕事をせずに、こっそり子どもの世話をしていたら、それは業績に顕著に表れることではありませんか？

どんなチャイルドケア（ベビーシッター、個人経営の託児所、公共の託児所など）を利用しているかを説明するのも、よいかもしれません。通常の勤務時間にはチャイルドケアを利用していること、通常以外の時間に通話を受けることは厭わないが、今のライフスタイルでは住み込みのチャイルドケアを雇うことはできない、ということも繰り返し説明する価値があるかもしれません。何よりも、感情的にならず忍耐強く話を進めていきましょう。

リモートワークは、働く親にとって困難なこともありますが、ときたま受けるこんな誤解よりも、メリットの方がはるかに勝っています。ほとんどのリモートワーカーがリモートワークがもたらす柔軟性を理解し称賛しています。

子どもが寝静まった後に勤務時間を補うことができるので、子どもの学校の劇や遠足に参加することが、ずっと簡単になったという親もたくさんいます。長時間の通勤がなくなったおかげで、平日いつも家族で夕食が食べられるようになるかもしれません。子どもたちといる機会も増えるでしょう。この柔軟性を楽しみながら、あなたの子どもの姿を見たり声を聞いたりするかもしれない相手に対して、透明性を保つようにしましょう。事前によく考えてコミュニケーションをすることによって、リモートワークが子育て中の親にもたらしてくれるメリットを享受し、困難を最小限に抑えることができます。

情報の輪を大切に

どんな職場でも、最新情報を知っておくことが重要です。これはゴシップではなく、どのような組織で働いていても必要なアップデートや発表について知ることです。人事異動や退職は、常に起きています。規約やルールや、スタンダードなオペレーションの手順なども、同じくらい頻繁に変わることがあります。

従来のオフィスなら、同じ部屋にいるだけで、こうした情報を吸収することができますし、ニュースを大きなグループ全体に発表することも容易にできます。それに、オープンフロアのオフィスなら、情報は素早くそして、たやすく行き渡るでしょう。

しかし、リモートワークの場合はそう簡単にはいきません。情報は様々な形で入ってきます。全員が最新の情報を入手していることを確認するためには、正式な形で共有することが必要な場合が多くあります。リモートワークの環境では、コミュニケーションの量が非常に多いために、社員が新しい情報をタイムリーに処理できないこともあります。情報を見落として、驚いたり疎外感を覚えたりするだけで済む場合もありますが、それが重大なミスや誤解、あるいは偶然にセキュリティ違反につながってしまうことさえあります。

社内の重要なニュースを知る最後の一人にならないためには、積極的に行動する必要があります。受信トレイ、グループコミュニケーション、その他の更新情報が共有されている場所を毎日または毎週確認することをスケジュールに組み込んでおきましょう。週の終わりに30分程度の時間を確保して、重要なお知らせを見落としていないかどうかを確かめましょう。

重要なお知らせを頻繁に送ってくる人のメールに優先順位をつけておいて、それが受信トレイの中で埋もれてしまう前に読むようにしましょう。まず取りかかるべきタスクを優先したいと思うかもしれませんが、こうした情報満載のメールにタイムリーに目を通すことは、長い目で見て大きな助けになります。

また、情報をまず広く集めることも重要です。可能で適切であれば、自分のポジションに関連する多くのメーリングリストやオンラインのワークコミュニティに参加して、それぞれからどんな価値のある情報がもたらされるかを把握しましょう。次に、価値のないところや、情報が重複しているところへの参加をやめて、情報プラットフォームをスリムにしましょう。

メールの受信トレイが重くならないように、新たなグループにサインアップするのを避けたいという誘惑にかられるかもしれませんが、その新しいグループには、今あなたが参加している二つのグループと同じだけの価値があるかもしれません。新しい情報チャンネルができたら試してみましょう。そしてタイムリーな情報を与えてくれないものは、実用本位で切り捨てていけばよいのです。

私が見つけた、常に情報を得られる最もよい方法の一つは、他の部署と、その部署にかかわりのあるニュースについて好奇心を持ち続けることです。今どんなポストが空いているかを知るために、社内の求人ウェブサイトを定期的にチェックするようにしています。それに、仕事の様々なネットワークに投稿されたコメントも読むようにして、時々、スレッドにコメントや質問を寄せています。

いつかその部署で働くかもしれないと思ってもらえるような行動を取るようにしています。そのおかげで、よい結果が得られたことが何度かありました。まず、機敏に対応することができました。

例えば、仕事の範囲や役割が変わったときでも、私はすでに新しいタスクのことが分かっていたので、すでに一歩先に進むことができていて、自分の役割にしっかり対処できるようになっていました。

もう一つのメリットは、グループチャットに積極的に参加していると、よく人に話しかけてもらえます。それによって、だれに何を頼めばいいかが分かりやすくなりました。見慣れた差出人の名前なので、私からのメールを開いてくれるチャンスもアップしました！

——テレサ・ダグラス

他の人とよくコミュニケーションする機会のある人のところへは、情報がより早く到着します。対人関係に消極的だと、正式なチャンネル以外からニュースが飛び込んでくることがなくなります。正式なチャンネルで変更や進捗が知らされるのは、大体一番遅いものです。

積極的なコミュニケーターになることはリモートワークでは概して重要なことですが、いの一番に情報を得たい人にとっては、さらに重要です。いろいろな人と定期的に話をしていると、彼らのことが分かるだけでなく、ニュースもより早く入ってくるようになります。また、最も新しい情報に通じている人たちに的を絞るのにも役立ちます。

情報はどんな職場でも貴重で役立つものです。何が起きているかを常に把握していると、頼みごとを持ちかけられたり、チームの重要な一員と見なされたり、昇進や他のチャンスを与えられたりする可能性が高くなります。また、変化や移行が起きているときにも、対応する準備ができて安心できます。積極的にそして熱意を持っていれば、他の人よりも早く知ることができるだけでなく、最新情報や説明を求める人たちがあなたを頼りにするようになるでしょう。

職場勤務のメンバーと働く

ビジネスが成長すればするほど、対立が起きる可能性が高まります。経営が最もうまく行っているビジネスにもある程度の衝突はあります。人間というものは、自分と他の人との間に境界線を引くのが非常に得意ですが、リモートワークにも同様の傾向が見られます。おそらくリモートワークで最も興味深いダイナミクスは、在宅勤務だけの社員と、常時または、ほとんどいつも職場勤務をしている社員との間に発生するものです。

在宅勤務の人は、職場勤務の同僚からたぶん「いい思いをしているに違いない」と思われているでしょう。そのことに敏感になる必要があります。在宅勤務の人は生活を楽しんでいる、パジャマで仕事ができるし、寝坊ができて、上司が同じ部屋から見張っているわけではないので好きなだけ休憩を取ることができる、などと思われているかもしれません。

こうした役得の一つ、またはいくつか、あるいはすべてを利用しているリモートワーカーも一部にはいるかもしれませんが、自宅で働く人は怠け者だという憶測は、まちがいであり不公平なことです。とはいえ、職場勤務の同僚の多くがこうした最悪の憶測をしていることを認識しておくことも重要です。何を言われても、個人的に受け止めないことです。相手の方がいい思いをしているに違いないと、お互いに非難し始めると対立が起きます。

リモートワーカーは、家で仕事ができるメリットについて話したい衝動を抑える必要があります。「昼休みに洗濯をしたよ」のような一見無害なコメントでも、自慢話に受け取られることがあります。同僚の発言をそれほど気にしないのが理想ではありますが、経験豊富なリモートワーカーなら、言葉を慎重に選び、職場勤務の同僚の恨みは個人に向けられたものではないと理解できているでしょう。

その日仕事でイラついたことを、だれかに愚痴った場合にも、同じような問題が起きることがあります。イライラの発散は、自分のワークライフの管理に欠かせないものですが、適切な時と場所を選びましょう。ストレスを共有する相手や、そこにいる人がだれなのかも意識してください。あなたは在宅勤務はいいことばかりじゃないと言って、愚痴っているつもりでも、違う解釈をされるかもしれません。

家であなたが仕事をしようとしているのに、家族の騒音がうるさくて困るというのは、もっともな懸念ですが、職場勤務の人には、それと比べて自分は家族と過ごせる時間が少ないということを思い起こさせるだけかもしれません。誤解を招かないように、愚痴を言うときは、仕事や今取りかかっているプロジェクトのことだけにするのがよいでしょう。ビデオ通話の初めによく交わすカジュアルな会話は、中立的な話題にして、働いている場所についての話題は避けるようにしましょう。

在宅勤務の社員と職場勤務の社員が混在していて、それぞれの責任が異なる会議では、議題の選び方に留意しましょう。一部のグループだけに関する議論は、在宅勤務者と職場勤務者の間の溝を深めることになりかねません。一般論として、自分に関係のない議題が大部分の会議なら、強制的に出席させられるべきではありません。

会議の最中に、参加者が公平に発言できるようにするには、他にもいくつか方法があります。会議の設定の仕方に留意するだけでも、お互いの「見え方」がそれこそ文字通り変わってきます。チーム同士があからさまに対立しないように、前もって基本ルールを決めておきましょう。参加メンバーは、会社から参加する場合でも、家から参加する場合でも、できるだけ全員がビデオカメラに映るようにしましょう。

リモートワーカーだけがカメラに映って、職場勤務の人たちがみんな会議室にいて、音声だけで参加していると、はっきりとグループが分断されてしまいます。同様に職場勤務の人たちが、1台のビデオカメラにまとまって一緒に映っている場合も問題です。音声やビデオカメラから起きる問題以外にも、二つのグループの違いがさらに強調されてしまいます。職場勤務の人たちは別グループであって、同じ大きなチームの一員ではないという視覚的なメッセージを送ることになってしまいます。

重要なのは、オンライン通話のときに、参加者をタイプ別に分けないこと、そしてみんなの意見を聞いたり参加したりできることを確認して、できるだけ会議を効率的に進めることです。

在宅勤務と職場勤務の人が混在している会議に役立つ優れた方法があります。リモートワークの同僚がどれほど熱心に発言していても、職場勤務のグループは自分と同じ場所にいる人の意見に無意識にもっと耳を傾ける傾向があります。

ですから、発言しようと思ったら、素早くミュートボタンをオフにして、会話のほんの少しの合間を利用して発言しなくてはなりません。モニターの中の人の話を聞くことには、どうやら（情報を処理するための）認知的負荷が余計にかかるようです。はっきりと、そして的を絞って話すようにすれば、より理解され、会話へ溶け込むこともできるようになるでしょう。

――サーシャ・ストレルカ

リモートワーカーは、仲間外れにされる状況も想定しておかなければなりません。例えば、プロジェクト完了のお祝いパーティの食事会には、バーチャルな社員のあなたは参加できません。赤ちゃん誕生の祝賀会にも、リモートワーカーはうっかり招待されそこなうかもしれません。そんなことが起きても、個人的に受け止めず、解決策を考えましょう。

リモートワーカーたちが招かれない催しがあれば、参加できるように主催者に働きかけてみましょう。会議室でビデオ通話をしながらパーティをしてもいいかもしれません。スナックや飲み物は、プロジェクトに参加したリモートワーカーの家に宅配してもらったり、各人が立て替えて買っておいてもいいでしょう。事後になっても、恐れずに、これからはリモートワーカーも加えてもらえるように話してみましょう。

同じように重要なのは、自宅で勤務するあなたも、チームの一員として進行中のプロジェクトにかかわっていることを、職場勤務の同僚たちに分かってもらうことです。そのために、自分と自分の役割に関係のあるミーティングには必ず出席しましょう。職場勤務のプロジェクトリーダーやスーパーバイザーが、その場にいる社員をつかまえて即興的な打ち合わせを始めるのはたやすいことでしょう。でも、リモートワーカーにだってそういう機会は必要なのです。

職場勤務の人たちだけの会議が普通のことにならないように、積極的にリーダーに訴えて、最も適切な方法で、いつもあなたが100%参加できるようにしましょう。課題の明白な締め切りを確認し、少なくともあなたがどんな作業をしているか、そしていつまでに完了するつもりかを職場勤務の同僚に伝えましょう。そうすれば、あなたが働いている姿を見ることができなくても、自分の役割を締め切りまでに果たそうと頑張っていることが分かってもらえます。

スケジュール面では、職場勤務の同僚たちがあなたと共同のプロジェクトやタスクに取りかかっている時間には、オンラインで連絡がつくようにしておく歩み寄りも必要です。そうして、あなたが廊下のすぐ先にいるかのように、手早く質問や要望を伝えてもらえば、あなたもすぐに回答ができます。リモートワーカーであるあなたとみんなとの相違が、チームに何か影響を与えているという印象をなくしていくことを目標にしましょう。

組織が職場を完全にリモート化する場合、社員は多くの課題に直面します。しかし、リモートと職場の部分的分散型にする場合、他にも少し異なる考慮すべき点があります。公平かどうかはさておき多くの場合、ほとんどの調整をしなくてはならないのはリモートワーカーの方です。

リモートワーカーはたいてい従来のオフィスで働いた経験がありますが、ほとんどの職場勤務者は、リモートワークをした経験がありません。つまり、リモートで仕事をしている人は、職場勤務の人たちが、在宅勤務の意味を認識していないかもしれないということを理解して受け止める責任があります。そうすれば、全員にとってプラスになるだけでなく、物理的な職場がどこなのかに関係なく、より調和のとれたチームとなります。

在宅勤務という選択肢がある場合

毎日通勤しなくてはならない職場で働く社員もいますし、自宅だけで仕事をして、仕事上どこかに行く必要もない社員もいます。また、一定の時間は在宅で仕事をし、残りの時間は現場に行って、顧客を訪問したり、検査を行ったり、対面でしかできないその他の仕事をしたりする社員もいます。この他にも、自宅かオフィスかの選択肢のある社員たちもいます。このグループは、両方のいいとこ取りができると思われる可能性があります。

彼らは、それぞれのマイナス面を回避して、両方のよいところだけを利用することができるかもしれませんが、それほど単純なものではありません。選択肢のある人たちには、自分のためにそして会社のために何が最善なのか、多くの要因について考える必要があるのです。

特定の日に在宅勤務をするかどうかを決める場合には、上司（および会社）からの期待値を理解することが重要です。もちろん、正式なルールがあれば、ずっと簡単に決められます。しかし、ほとんどの場合、期待値は不文律だったり、非常に大まかなものです。あなたのポジションの人はどのくらいの時間、自宅で仕事をすることが許されるのかを調べ、自分の居場所を上司に通知する方法が分かっているかも確認しておきましょう。

あなたがいつもオフィスにいないと上司に思われて、不信感を抱かれることは絶対に避けたいことです。同僚からの期待についても同様です。もしあなたが週に4日、家で仕事をしているのに、同僚は週に1日だけしか自宅で仕事をしていないとしたら、あなたは誤解を受けるようなメッセージを送っているかもしれません。上司や同僚に、「いつも彼はいないじゃないか！」と思われることは望ましくありません。正式なルールと不文律の両方に従うことで、こうした問題を避けることができます。

あなたが自宅で仕事をしたいと思うもっともな理由もあるでしょう。会社に行きたくない個人的な理由があるけれど、休みを取るほどのことではないのかもしれません。宅配便を受け取るために家にいなくてはならないかもしれません。十代の子どもが病気で、4時間おきに薬を飲ませなくてはならないかもしれません。

こうした理由は職場勤務の同僚や上司に大体受け入れてもらえるものですが、それがしょっちゅうだと問題になるかもしれません。仕事関係で調和を保つためには、あなたがどこにいるかだけでなく、なぜオフィスにいないのかを同僚と上司に知らせるのが大事です。在宅勤務をする重要な理由の一つは、生産性の向上です。多くの人は、オフィスで仕事をしているときの方がたくさんの仕事をこなしていると考えるかもしれませんが、在宅勤務は通常、仕事が中断されない環境を提供してくれます。

考えてみてください。従来のオフィスでは、だれかがあなたのデスクに立ち寄っておしゃべりを始め、そのせいで仕事の流れが中断されてしまうことがありますよね。締め切りの迫った仕事をしている最中に、それほど緊急ではない会議に、義務的に出席しなくてはならない場合もあるでしょう。自宅勤務と職場勤務のバランスを取りながら仕事をしている人の多くは、家で仕事をしている方が生産性がずっと上がるとコメントしています。仕事を中断することなく、受信トレイのメールを全部処理して、長時間プロジェクトに取り組むことができます。

オフィスに出勤するタイミングも重要です。自宅で仕事をしなくてならない緊急の事情があるように、オフィスに行かなくてはならない強い理由がある場合もあるのです。あなたのフロアや会社に重要な訪問者が来るときには、物理的に会社にいることが有利になります。それはあなたの仕事に大きくかかわっている訪問者かもしれません。プロジェクトにコラボレートしている人や、会社の上級管理職の人に、あなたは自分がしっかり働いているところを見てもらいたいかもしれません。

家にいたのでは、働いているところを見てもらえないどころか、あなたの不在がネガティブに映るかもしれません。こうした重要な訪問は大体事前に知らされているので、失念しないようにしましょう。あなたが会社にいないと、「どうしていないんだ？　今日、我々が来ることを知らなかったのか？」といった疑問を持たれやすいでしょう。また、自分が直接かかわったり、間接的に影響を受けたりするような大きなプロジェクトの会議に出席することも重要です。

普段リモートで働いている同僚やチームが会社に来るときには、対面でやり取りができるように、あなたもその場にいることに重要な価値があります。さらにリモートワークの同僚が会社を出たあとに、あなたがまだそこに残っていれば、必要に応じて同僚に助けを提供する機会が得られるかもしれません。それもまた意味のあることでしょう。自宅で仕事をする正しい理由も大切ですが、出社するのが適切なときもあることを理解しておくようにしましょう。

自宅勤務であっても、大きな会議のときには必ず会社に行って出席するようにしていました。会社までは2時間ほどかかりますが、実際にみんなと会えると、ビデオ通話よりも、楽に社交ができると思います。でも、社内の何人かの人と知り合えた後は、もうすべての会議に物理的に出席する必要はないと思うようになりました。

――サーシャ・ストレルカ

自宅勤務では得られない「給湯室」の時間をフルに活用できることも、定期的に出社する重要な理由の一つです。(リモートワークだけの)完全分散型の会社では、同僚たちとオンラインでそうした時間を意識的につくろうとするものですが、時々しかリモートワークをしない会社なら、自宅にいる人はオフィスの雰囲気を感じることはできません。

そこで、実際にオフィスに行く機会を使って、企業文化を感じたり、カジュアルな交流を通して同僚との絆を深めたりすることが不可欠なのです。みんなとランチをしましょう。同僚と直接会って現在のプロジェクトについて話し合いましょう。オフィスの給湯室で雑談をしましょう。オフィスに行くことで何を達成したいのかを、しっかり考えましょう。

もしかしたら、同僚の一人がプレゼンテーションをする日で、ビジネス的にはぜひ必要ではなくても、あなたが出席することが、その人にとって精神的な支えになるかもしれません。一緒に働く人たちにとって大事な日をリストにしておきましょう。誕生日や長期休暇からの復帰を祝うことで、絆を強めることができます。自宅で仕事をすることが多い人にとって、戦略的に出社を考えることも、成功するための重要なポイントです。

オフィスと在宅の両方で働ける選択肢のある社員は、正しい考え方を持てば、仕事に大きなやりがいを感じることができます。多くのリモートワーカーがなかなか達成できないワークライフのバランスも、たやすく取れるようになるでしょう。仕事への満足度も生産性も向上させることができます。両方の一番よいところを得られるのです。

ただ、それでも努力は必要です。両方で仕事ができる社員は、いつ、どこで仕事をするかを慎重に決定し、同僚や上司に正しいイメージを与えるためにどうするかを決めなくてはなりません。これが達成できれば、キャリアにとって大きなプラスになるでしょう。

Chapter 7 マネジャーのためのヒント

この章は、リモートチームをマネジメントする上司のための章です。先駆者たちが苦労して得た知識が詰まっています。そしてそれは、部下たちがあなたに知ってほしいと願っていることばかりです。

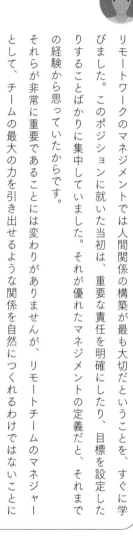

働き方がそんなに違うのですか？

リモートワークのマネジメントでは人間関係の構築が最も大切だということを、すぐに学びました。このポジションに就いた当初は、重要な責任を明確にしたり、目標を設定したりすることばかりに集中していました。それが優れたマネジメントの定義だと、それまでの経験から思っていたからです。

それらが非常に重要であることには変わりがありませんが、リモートチームのマネジャーとして、チームの最大の力を引き出せるような関係を自然につくれるわけではないことにも気がつきました。物理的に近くで仕事をしているときのように、仕事以外の彼らの生活について知ることはできません。同じオフィスにいれば、デスクに飾られた家族の写真が目に入ったり、給湯室や自販機のところで雑談をしたり、コーヒーやランチを共にしながら会話をすることができます。しかし、リモートの環境では、部下が何を優先しているのか、何が困難なのかを知るための、個人的な背景がつかめないのです。

そこで、私は新しいマネジメントのポストに就くと、まず部下の生活や家族や興味について尋ねて、私のことも話すようにしました。こうした人間関係の構築が、これから部下と仕事をしていく上での確固たる基盤となります。私や会社が、彼らのもたらす結果だけに関心を持っているのではなく、人間として気にかけているということを分かってもらえます。

——ダスティン・セモ

リモート環境におけるマネジメントで最も厄介なのは、従来のオフィス環境とほとんど何も変わらないと思ってしまうことです。会議をしなくてはならないし、締め切りも守らなくてはならないし、会社としての取り組みも行わなくてはなりません。営業チームは目標を達成しなくてはならないし、オペレーション部門はすべての業務が期日通りに完了することを確認しなくてはなりません。財務部門の人は支払いをしなくてはなりません。

こうした共通点があるため、従来のオフィスで通用する管理スタイルがリモートの世界でも通用するのではないかと考えてしまうことがあるのです。しかし、賢いマネジャーなら、二つの環境が同じではないことに気づき、リモートの環境でも効果的なマネジメントができるように対策を施していくでしょう。

その違いの大きさを理解するために、こう考えてみましょう。従来のオフィスでは、マネジャーは気づかないうちに——明白なものも意識にのぼらないようなものも——常にフィードバックを受けています。

例えば、ジョーというマネジャーがチームを管理していて、何か誤った決断をしたとしましょう（あるいは、その決断は正しくても、伝達の仕方が悪かっただけかもしれません）。すると、オフィスの部下たちは静まり返り、下を向いたり、そわそわし始めたりします。ジョーがチームのメンバーに話しかけても、短いそっけない答えしか返ってきません。

普段は外にランチをしに行かないし、いつも最後までオフィスに残って仕事をしている部下のサリーが、突然、5人の同僚とランチに行き、頭痛がするからと1時間も早く退社します。これはマネジャーのジョーに対して、彼の決断は受け入れられないという部下からの暗黙のフィードバックです。

同じ状況をリモートの世界でも見てみましょう。ここでもマネジャーが従来のオフィスと同じやり方でチームを管理しています。ハートフォード市に住むマネジャーのジョーがシカゴの部下サリーに電話をかけて、上と同じ決断を告げます。

リモートオフィスのサリーはどうするでしょうか？　サリーには、一緒にうっぷんを晴らせる同僚がだれもそばにいないので、孤立感を覚えるでしょう。彼女は配偶者や家族に自分のイライラを話したり、もしかしたら、近所を駆け足で散歩して頭を冷やすかもしれません。

しかしある時点で、彼女はシアトルに住む同僚のラリーに電話をして相談し、少し発散することになるでしょう。すると、おそらくラリーはデンバーに住むリンに連絡し、リンはメンフィスのジェインに電話をかけて……もうお分かりですよね。数時間のうちに、組織の20人の人が「ジョーには問題あり」だと知ってしまいます。でも国中で、たった一人それを知らない人がいます。そう、それはジョー自身です。

これは、幸せで熱意あふれるリモートワークの職場を維持するために必要な、新しい体制と理解についての一例に過ぎません。新たな階級組織や指揮系統（これにはそのまま従うしかありませんが）をつくるべきだというのではありません。その階級組織や指揮系統をどう機能させるかを知るべきだということなのです。

リモートワークでは、情報が新しい方法で、ときによっては想定外の流れ方をします。リモートの環境での会話は、必要に応じてフォローアップや文脈が与えられる従来のオフィスのものとは基本的に異なっています。リモートワークの対人関係は独自の方法で築かれ、発展していきます。

部下のキャリアパスについても、一人ひとりにモチベーションを与えて話し合わなくてはなりません。企業文化も、従来のオフィスのように自然に吸収されることはないので、採用や研修のときに組み込んで強化しなくてはなりません。

ニューヨークのマディソンアベニューのオフィスでは昔のマネジメントガイドブックがまだ有効かもしれませんが、リモートワークには別のマップが必要です。

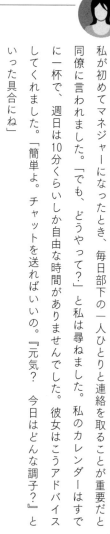

チームの声を聞きましょう

私が初めてマネジャーになったとき、毎日部下の一人ひとりと連絡を取ることが重要だと同僚に言われました。「でも、どうやって?」と私は尋ねました。私のカレンダーはすでに一杯で、週日は10分くらいしか自由な時間がありませんでした。彼女はこうアドバイスしてくれました。「簡単よ。チャットを送ればいいの。『元気? 今日はどんな調子?』といった具合にね」

実に単純だけれど、とても重要なアドバイスでした。私自身も上司との時間から大きなエネルギーを得られています。自分のしている仕事について話し、上司の意見を聞けばもっと自信がつくからです。そうすることによって私はベストを尽くせて、とてもいい気分になります。

そこで私は、チームの一人ひとりに、なんらかの方法で毎日連絡を取ることを自分に課しました。一対一の打ち合わせを定期的に予定する場合もあります。「調子はどう？」と軽くチャットすることもあるし、数人の部下と一緒に同じプロジェクトを行いながらミーティングをすることもあります。

ある日のこと、手短な連絡チャットのつもりだったのに、一人のメンバーから、即座に15個ものコメントが返って来たことがありました。私は彼女と話し合う時間をつくるために、すぐに次のミーティング相手に延期の連絡を入れました。そして彼女とビデオチャットを始めたところ、最初の5分で問題を解決することができました。残った時間で、彼女の仕事以外の生活についても聞くことができました。

いつでも、自分のチームが私に連絡がつくようにしたことで、問題が大きくなる前にキャッチできたことが何度もあったし、部下たちのことをもっとよく知ることができるようになりました。

――ケイト・ミッツキス

多くの人にとって、上司の不在や、ほとんど沈黙の上司というのは理想的な状況のように思えるかもしれません。しかし、リモートワーカーにとっては沈黙の上司はよいことではありません。

上司が廊下を歩き回っていたり、デスクの近くで他の社員と話しているのを見たり、コーヒーを飲んでいるときに上司に出くわしたりする機会がないリモートワークでは、コミュニケーションを取ることがより重要になります。あなたを給与計算書のハンコを押すためだけの存在としてではなく、考えや意見を聞いてもらったり、認めてもらったりする関係をあなたの部下は望んでいるのです。

バーチャルな仕事場では、黙ったままで承認や認知をすることはできません。部下からのメールを読んで、あなたが笑顔でうなずいているのを、送信した部下は見ることができません。なんらかの返答がなければ、彼は、自分の貢献がよかったのか、欠点があったのか、あるいはまったく見てもらえなかったのかを知ることができません。自分の考えを共有しても、何の評価も受けられないのは、がっかりすることです。ですから、部下からのメッセージにはすぐに返事をすることが、よいスタートになります。

またみんながあなたに何を求めているかを、しっかり聞くことも重要です。「ありがとう！」の返事を出すだけでは、部下の言うことをしっかり聞いたことにはなりません。そういう返事も喜ばれますが、ときには長くてもっと意味のある返事を送り、部下の言うことを聞いているということを知ってもらうのも、重要なことです。

マネジャーならだれでも、時折、部下同士が集まって仕事について話し合っていることを知っていますよね。仕事のいい面も悪い面も話し合ったり、自分の仕事に対する考えや意見を伝えたり、それを同僚に認めてもらったりするよい機会にしているでしょう。こうした機会はリモートワークでは得がたいものです。上司として、積極的にそういう機会をつくるよう心がけましょう。

従来の職場の上司なら、自分の部屋に鍵をかけて閉じこもれば、部下たちが気軽に話ができることを知っています。しかし、リモートワークの上司が同じことをすれば、部下たちを孤立させてしまう危険があります。幸いなことに、あなたも自分の仕事をこなしながら、部下に声を上げる機会をつくる方法がたくさんあります。チームメンバーがアイデアを出すためのディスカッションの機会を提供しましょう。

例えば、インスタントメッセージのプラットフォームを使ってチームがアイデアを共有したり、ブレインストーミングをしたりできるようなシステムやプログラムを導入することもできますし、オンラインで「コーヒーブレイク」を設定して、一人や複数の部下と、仕事の話や、仕事に関係のないことでも、少しの間チャットができる機会をつくってみましょう。

また、必要に応じて直属の部下があなたと、よりフォーマルな方法で連絡を取ることのできるツールがあることも重要です。ドキュメントの共有を可能にするプログラムは、一部のリモートワーカーにとって有用です。

部下とよりコラボレートしながらコミュニケーションが取れると、彼らは自分の貢献がどのように認められたか、それが大きなディスカッションやプロジェクトの中でどのように使用されたかを理解します。ドキュメントの共有を可能にする多くのプログラムでは、部下の貢献に対してコメントができるツールもあって、チームとの対話をさらに強化するのに役立ちます。

リモートの社員にとって、あなたの存在は、会社との最も重要な架け橋です。彼らの声があなたに届いていると感じられることが、仕事への熱意と満足度を高める原動力になります。オンラインツールを使って、すべての貢献がなんらかの形で承認されるような、コラボレーションとコミュニケーションを重視した環境を育みましょう。こうすることで、彼らは最高の仕事をする用意ができ、あなたがそばから導いてくれることを確信するでしょう。

部下の貢献を承認しましょう

部下を管理するために知っておくべき最も重要なことの一つは、彼らの声を聞き、貢献を認めていることを積極的に示すことです。より効果的なマネジャーになるには、一歩踏み込んで、部下を褒めなくてはなりません。ほとんどの人は「よくやったね」と背中をたたいてもらいたいし、ある程度、自分の功績を公の場で承認してもらうことを望んでいるものです。

特にリモートワーカーは頑張っている姿が自分にしか見えないことが多いため、こうした承認を切望しているかもしれません。リモートワークのマネジャーは、従来の職場より、もっとはっきりした承認の手順を取る必要があります。

部下を称賛する最善の方法を検討する際に覚えておきたいことは、大規模な儀式も小規模な称賛も同じように重要だということです。大規模な儀式には、公式の表彰式や、全員参加の会議でスポットライトを当てることなどがあります。小規模な方法としては、一対一の電話や少人数のグループ会議の中で、少し時間を取って、小さな成功を祝うという方法があります。

大規模な称賛方法だけを考えていると、褒める機会が少なくなり、期間も空いてしまいます。また、だれの成功も見過ごすまいと、複数の部下の成功をまとめて称賛すると、承認されることの価値が薄れてしまいます。また、小規模な方法だけで褒めると、自分の貢献は広く共有される価値がないものだと感じさせてしまうリスクがあります。大規模と小規模の両方のアプローチを使うのがよい解決策です。

毎回、部署の全体会議の初めの10分間を使って、リモートチームの「成功者」についてみんなと共有します。社内の他の部署に異動になった社員の名前を挙げて祝います。それから、前の四半期にビジネスに貢献した人やチームの功績について、だれかに証言をしてもらいます。この方法によって、全員が公に、お互いの功績を称え合うことができます。そしてそれに時間をかけることによって、この職場では、みんなの価値と貢献が認められているということを示します。

——ケイトリン・デューク

また、どのように認められたいかは、人によって異なる場合があると認識しておきましょう。スポットライトを浴びることがとても嫌な人は大規模な会議の最中に、よい意味であっても名前を呼ばれるのを嫌うかもしれません。小規模の称賛もうれしいけれど、もっと広く同僚に功績を知らせてほしいと願う人もいるでしょう。そうでないと、自分の認知度が上がらず、ネットワークを構築したり、社内で実行可能なキャリアパスをつくったりすることができないと感じるかもしれません。可能であれば、それぞれの好みに応じてどのように称賛すればよいかを考えましょう。

リモートワークでは従来のオフィス環境以上に、より意識して褒める必要があります。カジュアルなコミュニケーションの場があまりないため、よい仕事をしたことを自発的に褒める機会が少ないからです。「先週も褒めたばかりなのに、また何かよいことを見つけて褒めなくてはならないのかな？」とつい考えてしまうかもしれません。でも、そうしてほしいのです。

初めは強引に思えるかもしれませんが、ポジティブな承認でコミュニケーションのギャップを埋めることは、部下にとってよりよい仕事の環境をつくることになります。リモートワークの職場ではコミュニケーションの多くが書面で行われます。書面による称賛は確かに効果的で、成功を文書化してもらうことにも感謝されるでしょう。

しかし、ビデオやオーディオによるミーティングで、直に上司に褒められるのを聞くことは、もっと強く感じられるかもしれません。これも覚えておきたい重要なことの一つです。

リモートの社員の功績を承認することは、すべてのマネジャーの成功に欠かせません。もし、定期的に褒めることが自然にできないなら、そうするためのシステムをつくりましょう。褒める練習をすればするほど、自然にできるようになります。そしてその努力は部下の幸福度と生産性の向上のために価値があるものだと気づけるようになるでしょう。

柔軟な働き方を推奨しましょう

火曜日の午後、林の中でジョギングをしているときほど、「仕事の宝くじに当たったみたい！」と思えるときはありません。バンクーバーでは天気のよい日は貴重です。そんな晴れた日には、オフィスで働いている人たちは、窓から外を眺めるしかありませんが、私はアメリカ松の原生林のジョギングコースを踏みしめながら走っているのです。

私の仕事の一部分は、日中でも夜でも、好きな時間にすることができるので、日によって長い休憩を取ることが可能です。休憩を取ってジョギングをすることで、私は同僚にもっと共感が持てるようになり、問題解決もうまくできるようになりました。午後の中だるみを吹き飛ばすのにもよい方法です。

さらに重要なことは、私のディレクターもリモートワークの融通性を認識し、それを享受しているということです。彼が息子の遠足にボランティアで付き添う場合は、事前にチームチャットで伝えてくれます。病院の予約があるときは、何時に戻るかを知らせておいてくれます。こうした透明性があるおかげで、チームのみんなも安心して、休憩を取ったり仕事以外のことについて話したりすることができます。

――テレサ・ダグラス

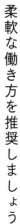

リモートワークの最強のセールスポイントは、柔軟性です。チームのニーズによって、現実的にどの程度の融通が利くかが決まりますが、概して職場勤務よりリモートワークの方が柔軟性があります。しかし、こうした柔軟性が可能なのにもかかわらず、それが与えられていないと、あなたの部下たちは仕事について苛立ちを覚えるようになるかもしれません。あなたが彼らに（そして自分に対しても）課す規則は、職場勤務でもリモートワークでも同じことだと強調したとしても、同じでないことに部下たちはすぐに気づくでしょう。

最初のステップは、あなたのチームにとって適切な柔軟性を、何しろまず受け入れ、許可し、推奨することです。規則や成果責任《アカウンタビリティ》がなくなるわけではありませんが、ある程度のコントロールは放棄しなければなりません。適切な柔軟性を奨励するためには、どの程度の融通性が許可されるかを明白にしましょう。そして彼らのサイドには、どのように時間と成果を自己管理しているかをあなたに報告する透明性が必要です。

あなたのチームが自由に使える柔軟性について、明確なコミュニケーションとしっかりした期待値を伝えておけば、問題は発生しないでしょう。もしあなたが期待値をはっきり伝えていなかったり、融通性を制限しすぎたりするとリモートチームの管理に苦労することになります。

社員の柔軟性に関して、あなたにできる最大の貢献は、伝統にとらわれない仕事の仕方をオープンに受け入れることです。決まった時間までにサインインし、決められた時間数働くことを部下に期待すると、たとえ彼らが残業代を支給される社員であっても、リモートワークの職場が息苦しくなってしまいます。

リモートワークにはそれなりの課題がありますが、ユニークな特典もあります。その中の最大のメリットが柔軟な勤務時間です。このメリットを社員に与えないことには意味がなく、彼らの熱意をそぐことになります。仕事をいつしているかを厳密に知ることよりも、タイムリーに完了させているかどうかに焦点を当てるべきです。

あなたの行動と言葉は一致していなければなりません。チームに対して、自分たちに有意義なように仕事のスケジュールをアレンジできる柔軟性があると言ったのにもかかわらず、実際にはその柔軟性を失わせるような設定をしたのでは、うまくいきません。会議の計画は大きな課題です。職場勤務であれば、上司がみんなのいるオフィスを見渡して、部下が全員そこにいること、そしてだれも電話中でないことを確かめて、「ちょっと打ち合わせをしよう」と、みんなを会議室へ呼んで進捗状況を尋ねることができます。

従来のオフィス環境でもこのような急なミーティングの価値については議論の余地がありますが、これがリモートワークでは、よりひどいことになってしまいます。チームのみんなが何をしているかが見えないのですから、急にミーティングを招集することは避けるべきです。こんな土壇場のミーティングをいつも行っていると、常に態勢を整えておかなくてはならないという義務感がメンバーに生じ、その結果、柔軟性がなくなってしまいます。

会議でしか効果的な伝達ができない緊急事案がある場合を除いて、たとえ一日前であっても臨時に会議を招集するのは理想的とは言えません。なぜなら、部下たちはすでにクライアントや、別の直属の上司との定期的なミーティングを予定していたかもしれず、突然、会議を要求することは、あなたが思っている以上に組織に大きなインパクトを与えることになり得ます。

会議は前もって計画し、共有カレンダーのアプリなどを利用して、部下たちの都合にも目を配りましょう。そうすれば、定期的な会議が適切なときにできて、たまに緊急ミーティングをしても、不都合を最小限に抑えることができるでしょう。最後にもう一点。急なミーティングに出られなくても問題はないと、チームのみんなに分からせておきましょう。欠席した人には、ミーティングのメモやまとめを後で送って、欠席したことが不利にならないようにしましょう。

上司としてあなたは、柔軟なスケジュールの精神を正しく守っていますか？　部下に、学校に子どもを迎えに行くために午後に休憩を取るという選択肢を与えておいて、その時間内に、「緊急」と書いたメッセージを送ったり、部下が戻ってくるまで待てるような質問をするために、電話をかけたりしたのでは意味がありません。

彼らは、あなたの要求に応えるために携帯電話やノートパソコンに縛られることなく、自分のスケジュールに本当の柔軟性が与えられていると思えなくてはなりません。そのためには、部下が午後の早い時間に仕事を終える前に、急いで質問をしたいときに連絡がつくように、あなた自身のスケジュールを調整しておく必要があるかもしれません。

さらに、あなた自身がどのように柔軟なワークスケジュールを利用しているかを示し、彼らにも同様のことをするよう勧めるとよいでしょう。「子どもを学校へ迎えに行くので『オフィス』を出ます」とか、「その分、夜の時間に必要な仕事をやっておきます」というような短いお知らせをチームへ送っておきましょう。

リモートワークの社員が仕事を満喫できるようにするには柔軟性が必要であることを、上司が認識していることが重要です。これは最終的には信頼ということです。彼らが雇われたときや彼らの部署がリモートワークになったときに設定された期待値や、あなたがチームのゴールについて決めた期待値に基づいて、彼らは仕事をやり遂げてくれると信頼すべきです。

リモートワークの融通性をメリットとして伝え、それにあなた自身もコミットしましょう。この新しい働き方を受け入れるだけでなく、奨励しましょう。そして上司としてチームのために設定する会議や締め切りを、この枠組みの中に収めることで彼らをサポートしていきましょう。

初めは、部下をコントロールできなくなっているように感じるかもしれませんが、実際にはもっと大きなものを得ているのです。それは部下からの信頼、コミットメント、そして彼らが長く勤め続けてくれることです。

熱意を保ちましょう

仕事に対する熱意は企業にとって、ますます目に見える重要なテーマとなってきています。幸せで熱意に満ちた職場と会社の利益との間には強い相関関係があるので、多くの企業が、社員がよい勤務体験ができるように力を注ぐようになっています。そのためには管理職の人たちの努力と配慮がかなり必要ですが、リモートワークではさらにいっそうこの問題に用心が必要です。

会社の利益の損失だけではありません。リモートワーカーは、現実的に他の会社へ転職しやすく、専門知識を一緒に持ち去るかもしれません。そして会社は補充人材を雇うのに新たな経費を使わなくてはなりません。リモートワークの経験のある社員なら、特定の都市や、場合によっては国にさえ縛られることなく、他の仕事を見つけることができます。

社員に熱意を持ってもらうように努力するのは、社員のためだけではありません。リモートワークの社員は、職場勤務の社員よりも、今の仕事に縛られているわけではないという事実も考慮に入れておくべきです。

では、どのようにしてリモートワークの部下に、仕事に対する熱意を持ってもらえばよいのでしょう？　連絡を保つことです。もちろん、それだけではありませんが、部下と定期的に連絡を取ることを目標にすれば、彼らがより熱意を感じられるようになるでしょう。

常に状況確認《チェックイン》を行いましょう。直属の部下に、毎日、毎週、あるいは隔週に電話をするようにしてもいいし、仕事関連のイベントを利用して、例えば一つの販売サイクルが終了したときのような適切なときに、連絡をするのでもよいでしょう。そして、彼らが仕事のどんなところを楽しんでいるか、どんな仕事を減らしたいと思っているかなどについて耳を傾けましょう。こうした情報を得られれば、可能な場合は、部下の希望に沿った役割の責任の調整ができて、チームの熱意を保つための最善の方法となるでしょう。

ここで気をつけたいのは、社員との関係を一貫して保ちながらも、過干渉に陥らないことです。従来のオフィス環境でも過干渉の上司がいるとフラストレーションが生じるものです。物理的に上司がそこに存在していなくても、リモートワークでの過干渉はもっと嫌なものです。リモートワーカーは仕事を任されて信頼されていることを期待しているので、過干渉によって信頼が裏切られたと感じるのです。

また上司からのフォーマルな電話やメールに加えて、チャットやインスタントメッセージの着信音が次から次に鳴り続けると、まるで上司が自分の頭の中に住み着いてしまって、逃げ場がないように思わせてしまうかもしれません。

リモートチームの新しいメンバーは、職場勤務のときのように、上司の部屋をノックしてちょっと立ち寄ってみるということができません。そんな機会をつくるために、私は、新しい部下の一人ひとりと、毎日15分ずつの短い報告ミーティングを計画しました。前日のミーティングから24時間の間に生じた疑問が素早く解決できて、私の働き方もリアルタイムで理解してもらえます。２週目になると、15分もかからずに、新しいメンバーは自分の役割やミーティングに関する期待値が理解できたという自信が持てるようになりました。

——ダスティン・セモ

心得たマネジャーであれば、こうしたことを念頭に置いて、社員のために何が最善かを考えます。部下のしていることを常に監視しないことによって、仕事への熱意を向上させようというのは、常識的には逆のように思えるかもしれません。しかし特に、だれにも見られていない環境で、上司に信頼されていることが分かれば、仕事への熱意は実際には上がるものです。

一貫性のある監督と、過干渉との間の中間点を見つけることが肝心です。信頼していることを示そうとしすぎて、かえってチームからほったらかされていると思われないようにしなくてはなりません。中間の道を見つけることでチームの熱意を高めることができます。部下が困難に直面したら、いつでも問題提起できるようにしましょう。従来のオフィスのように、あなたの部屋に駆け込める便利さはありませんから、代わりに機会を提供しなくてはならないのです。また、彼らのために新たなイニシアティブをつくるときも、多すぎないように注意しましょう。新しい興味深い方法を見つけてチームを育てることも、マネジャーの仕事の喜びの一つですが、それがあまりにも多すぎると、社員は、日々の仕事をこなす時間が少なくなって、あちこちから引っ張られているような気持ちになるかもしれません。

特に、こうした取り組みがいつも尻すぼみになったり、既存の仕事と重複したり、それによって変化を生み出せなかったりする場合は、忙しい中で時間を無駄にさせられた悔しさを部下にいっそう感じさせてしまうかもしれません。こうした経験があると、チームや会社のマネジメントのプロセスを変えようとする際にも、困難になるかもしれません。

部下たちは、新しいプロセスも、どうせそのうち、荒れ地に放棄されたプロジェクトやリソースの仲間入りをする可能性が高いだろうと、新しいプロセスを取り入れるのに消極的になってしまいます。このような失敗の証拠はリモートワークではより顕著になるため、部下の意識にものぼりやすくなるのです。

社員の熱意を育てることはどのマネジャーでも習得すべき重要な領域ですが、従来の職場よりリモートワークのマネジャーは、いち早く習得に成功しなくてはなりません。社員に適度な熱意があれば、経済的なメリットだけでなく、大きな満足感も得ることができるでしょう。

連帯感を育てましょう

私のチームでは、毎週のトップダウンのグループ通話を、チームメンバーが主導するミーティングに変えました。責任者を持ち回りにすることで、様々な広い話題に目を向けられます。どの通話でも仕事関連のことは重要ですが、初めに10分ほど時間をかけて、緊張をほぐすための質問《アイスブレーカー》をすることで、お互いを人間として知ることができます。一人のメンバーが出産休暇に入る前に、私たちはバーチャルでお祝いのパーティを開きました。ちょっとゲームをしたり、みんながサインしたお祝いカードやギフトカードを送りました。ケーキ以外は何でも揃えました。

――ケイトリン・デューク

リモートワーカーは、従来の職場勤務を離れることによって、実に多くのものが必要でなくなります。長い通勤時間、固定された仕事のスケジュール、不便なオフィス。失ってよかったもののリストは、まだまだ続きます。しかし、従来のオフィスでしか得られなかったものを懐かしむリモートワーカーもたくさんいることを、マネジャーは認識しておくべきです。

ほとんどの人は（リモートワーカーでさえも）、そもそも仕事というものは、家から会社へ通勤して、知り合いのたくさんいる場所でするものだという認識を持って育ってきたことでしょう。しかし、リモートワークでは、そんな世界が待っているわけではありません。そう、上司であるあなたがそれをつくり出さない限り。

チームの連帯感は、部下とあなたとの関係とは別に構築すべきものです。チームメンバーは、自分たちが同じ会社のために同じ目標に向かって働いている大きなチームの一員であることを、できるだけ感じる必要があります。従来のオフィスでは、こうした感覚は上司がそれほど努力しなくても、自然に生まれるものです。同じ空間に週に40時間一緒にいるのですから。

しかしリモートワークでは、あなたのチームは国を、そして世界をまたいでいるかもしれず、それぞれがたった一人で働いているかもしれません。あなたがコミュニティをつくる対策を講じない限り、彼らはまるで自分が架空の会社で働くフリーランサーであるように感じるかもしれません。

あなたはすでに、部下の一人ひとりと定期的なミーティングを計画しているかもしれません。それは重要なことですが、それだけでは、より大きなコミュニティの連帯感を構築するには十分ではありません。多くのマネジャーは、週に一度のチームミーティングが、部下たちがお互いに、そして会社とも結びつくのに有効な手段だと考えます。

最も基本的なレベルでは、チームミーティングによってお互いを知ることができて、日中に話せる相手ができるようになります。特別ゲストを招けば、会社の他の部署について知ることもできます。これは、メールの送信者とその人の顔を結びつける意味でも役に立ちます。

チームミーティングは重要な第一歩ですが、従来のオフィス環境での何気ない出会いのような、行き当たりばったりの交流を行うことにも価値があります。チームチャットが設定できるのなら、インスタントメッセージが最適です。一日の初めに率先して挨拶しましょう。週を通して、あなたがグループチャットをリードして、チームのメンバーにもそうすることを奨励しましょう。

ログオンして、オンラインで挨拶を交わしたり、週末についての話を共有してから一日を開始すると、コンピューターの向こうの、もっと大きな何かに所属しているという感覚を育てることができるでしょう。同じプロジェクトでチーム全員が働くことは実際にはないとしても、こうした挨拶や会話によって緊密なチームの一員であると感じられるようになります。

連帯感を育てるために、楽しいことを企画するのもよいでしょう。仕事の合間を縫ってチームメンバーに、仕事に関係のない、楽しくて一緒にできるようなことを提案させてみましょう。あるグループにとって楽しいことでも別のグループにとっては気まずくて居心地の悪いことかもしれないので、いろいろなことを試してみる必要があるかもしれません。

最初の試みがうまくいかなくても、他の案を試し続けましょう。ゲームナイトを開催する人もいれば、社員同士がペアになって短い会話を楽しんだり（婚活パーティ形式のように）、グループを集めてお互いに質問をし合う人もいます。少し調べれば、いろいろなアクティビティのリストができます。オンラインで検索したり、同僚とブレインストーミングしてアイデアを出し合ってみましょう。

初めは気まずいかもしれませんが、社員同士を近づけ名ばかりの同僚以上の存在にしてくれます。こうしたやり取りに抵抗感を持つ人もいるかもしれませんが、ほとんどの人はあなたの目的を理解して認めてくれるでしょう。あなたがつくろうとしているのは、経験の共有なのです。

連帯感を築くことはきわめて重要であり、意識的に行えば難しいことではありません。緊張をほぐすための質問《アイスブレーカー》が不発に終わったとしても、チームのつながりが築けないわけではありません。少なくとも、部下たちに話のタネを提供したことになりますから。時間をかけて、チームをまとめたり、チームを会社の他の部署にも紹介したりする努力をしましょう。あなたの努力によって、より広い会社全体のコミュニティとつながることができて、チームの熱意と生産性が向上します。

安定感を与えましょう

変化こそ新たな不変です。それが最も当てはまるのがリモートワークの職場です。壁に囲まれた従来のオフィスには地理条件と建物の賃貸料という制約がありますが、リモートワークの会社にはそのようなものはありません。このように急速に変化できる能力のあるリモートワークにより、機敏性に富み回復力のある会社をつくることができますが、部下に安定感を与える対策を講じない限り、不安定な感じを与えてしまうかもしれません。

会社に大規模な変化が起きる前に、従来のオフィスでどんなことが起こるかを考えてみましょう。オフィスのあちら側で、だれかが不便なプロセスやプログラムについて不平を言っているのを、こちらにいる同僚が小耳に挟むかもしれません。あるいは、身なりのいい見知らぬ人たちが幹部のオフィスに案内されているところを見るかもしれません。新しい業務内容が社内のイントラネットに掲載されるかもしれません。たとえ大きな変化が起きて社員を驚かせたとしても、後から考えてみると、なんらかの変化の兆しが見えていたことにほとんどの人が気づいていたでしょう。

しかしリモートワーカーは、こうした兆しを見ることができません。あなたの部下たちは、自分の仕事の役割が変わってしまうまで、会社が問題解決や新しい機会に対処していたことに気づくことはないでしょう。

あなたに会社の変化のスピードを止めることはできませんが、社員に、可能な限り安定感を与えることで嵐を乗り越える手助けができます。一貫した議題で、定期的に部下とミーティングをするようにしましょう。社内の変化によって、一時的に新たな連絡先をつくらなければならない場合は、それが通常とは異なるものであることをチームが理解していることを確認してください。

ミーティングで取り上げる議題は、チームメンバーが前もって準備ができるように知らせておきましょう。これは、会議をより効果的で効率的なものにするだけでなく、ものごとが急激に変化し始めたときの安定感にもつながります。

何事も起きていないかのように、いつもの会議を行っていればいいという意味ではありません。それよりも、変化が起きても仕事は継続されるのだと示しましょう。起きつつある変化について、できるだけ知識を得れば、直属の部下たちに自信を持ってしっかり説明することができます。社員は、上司が何が起こっているかを理解していて、乗り越えられるように助けてくれることが分かっていれば、安心します。そして新しいプロセスにスムーズに適応することができるようになります。

同様に、自分が知らないことについても透明性を保ちましょう。特に変化が大規模で複雑な場合、上層部さえも、各チームがどんな影響を受けるかを正確に把握していない場合があります。情報がないと、社員たちは自分たちのリーダーが何か壮大な陰謀を企んでいるのではないかと疑ってしまうかもしれません。変化の影響は慎重に検討されていること、そして情報はできるだけ早く共有すると伝えて安心させてください。

明確にすることも非常に重要です。可能であれば、これまでのプロセスや構造のはっきりした終了日を社員に知らせ、新しいプロセスや構造がどのように機能するかを示してください。変化の理由がだれにとっても明確であることを確認してください。明確にしないと憶測が飛び交い、リモートワーカーは同僚間でさらに不確実性を煽り、このペースの速い環境で働く経験がより不安定なものになってしまいます。

2017年8月のある日、私はいつものようにホームオフィスで仕事をしていました。週末にハリケーン・ハービーがヒューストンを通過しましたが、私の家は無事でしたと、上司に報告し、今週の仕事はいつもと変わりないと思っていました。

しかし、その2時間後、近くの貯水池から溢れ出した水が、道路を流れて私の家の周辺に流れ込んできました。私は急いで上司にチャットで報告し、ノートパソコンなどをカバンに詰めて、高台へと向かいました。

あくる朝、私の家が1・2メートルも水に浸かってしまったことを知りました（リフォームしたばかりのホームオフィスともお別れです）。15分ほど私はショックで打ちのめされていましたが、それからノートパソコンをパワーアップして仕事を始めました。

この日は、5人の新しいメンバーが入るチーム拡張の日だったのです。私は、新しいメンバーたちにとって、ここ数ヵ月で3番目か4番目のマネジャーなので、彼らと話し合うことがたくさんあったのです。この日、私は一人ひとりと個別に話をして、彼らの気持ちを理解しようとしました。新しいマネジャーの下で働く不安、変化による混乱した気持ち、将来に向けてのワクワク感といったことについてです。

それから数週間の間、私はいくつかの家を転々とし、夜にはこれからどうすればいいのかを考えていました。しかし私はチームとの時間を優先することにしました。義務感からではなく、そうしたかったからです。変化が起きているときこそが、強さを培い、新しい始まりの機会をとらえ、熱意を育てるのに最も重要なときなのです。

この間、私は個人的な一大事に対応しなくてはなりませんでしたが、それにもかかわらず、私にとっての最重要課題は、組織の変化における私の役割を果たすことでした。

――ケイト・ミッツキス

組織の変化がいったん発表されたら、部下たちを新しい取り組みに導くために正しいフォローアップが必要です。彼らが新しいタスクを行っているところを見ることができず、仕事の結果しか分からないので、彼らが苦しんでいるかどうかを、うかがい知ることは困難になるでしょう。

普段より頻繁に部下に連絡を取って、定期ミーティングにも変化や新しい情報について話す時間を組み込みましょう。抜本的な変化ではなくても企業は常にポリシーを更新したり、業務の手順を調整したりしています。こうしたことについてのアップデートを定期ミーティングの議題の一部にすれば、彼らは最新情報が分かって、とまどうことがありません。

会社が再組織化をして、あなたの直属の部下の一部や、すべての部下の上司が変わることもあります。チーム全体が分断されて別々の方向へ送られるかもしれません。あなたのチームにこういうことが起きた場合でも、変化までの時間と、変化の最中に、上司としてあなたにできることがあります。チームがまだ今までの仕事に従事している場合は、もちろん定期的なミーティングを継続しましょう。できれば、部下が新しい上司について知るのを手助けしましょう。

例えば、新しい上司が、メールよりインスタントメッセージ、ミーティングを朝より午後にする方を好むことが分かっているなら、この情報を共有しましょう。状況にもよりますが、部下が気持ちの区切りをつけられるように、最後のチーム構築のミーティングを開くのもいいでしょう。あなたのチームはまだ同じ会社で働き続けるかもしれませんが、チーム自体はなくなります。それを認識することが大切です。

最後に、切り換えが終わって少し経った頃に、以前の部下たちに短いメールやインスタントメッセージを送って、様子を聞いてみることも考えてみましょう。それがいつも適切かどうかは分かりませんが、以前の上司からのこうした思いやりのあるケアによって安定感を得られるかもしれません。以前の部下たちに連絡をすることで、変化によってネットワークが拡大したと彼らに感じてもらえればベストです。変化によって、失うことばかりではありません。

変化は避けられない必然です。あなたは岩のように安定した上司として、部下が不確実さを乗り越えるのを助ける力があるのです。彼らは、暗黙に、あるいははっきりと、あなたが変化を克服する助けになってくれることを期待しているはずです。

あなたと部下の関係を一貫性のあるものにし、組織の変化による移行を安定的に行い、取り組みに集中できるよう十分な配慮を行えば、あなたのチームのメンバーは大きな変化を生き抜くことのできる人材となるでしょう。

成長のパートナーになりましょう

初めての年次評価で、ディレクターが私の選んだ目標に一緒に目を通してくれて、プロセスを達成と測定のしやすいステップに分けてくれました。そして、自分の仕事を可視化するようにという課題を与えられました。同僚を知り、私を同僚にも知ってもらうことは、リモートの環境でプロとして発展するために不可欠だと説明してくれました。そして私が同僚たちとつながることができるように、連絡をしてくれました。

それから、自分が一番興味があることを決めたら、その知識のある同僚を自分で探すようにと勧めてくれました。従来のオフィスのように、ディレクターが廊下で私をちょっと紹介してくれるわけにはいきませんので、私が自分で主導して行わなくてはならないと言われました。その結果、私は、上からあてがわれた課題によってではなく、対話を通してプロフェッショナルとして成長できるようになりました。

——ケイトリン・デューク

今日のビジネスの傾向として、社員が自分自身の成長の機会を見つけるための強い心構え《エンパワメント》を持つことが常識とされています。あなたがマネジャーとして、社員が会社に留まって社内で成長することを奨励したいのであれば、あなた自身が部下の成長のパートナーとなることが重要です。とくにリモートワークの場合は、それが大切です。

従来のオフィスでは、社員は偶然（仕事ぶりを他の人に）見てもらえる機会があります。例えば、あなたの直属の部下のデスクの近くで、オペレーションチームが毎週、月曜の朝に集まっていれば、部下はプロジェクト管理の素晴らしいスキルを偶然観察してもらえるかもしれません。あるいは、激怒した顧客がフロントオフィスにやってきて、たまたまそこに居合わせた社員が、優れた顧客サポートの手腕を見せるかもしれません。

この例はどちらも、二つのことを示しています。一つはこれらが自然発生的であること。もう一つは、リモートワークではこれに類似したことは直接起こり得ないということです。あなたのリモートワークの部下は、他の部署を助けたり、他のマネジャーの目にとまったりするためには、慎重にその機会を求めなくてはなりません。

ここであなたのマネジャーとしての手腕が活きるのです。部下が自分一人では得られない、人や情報へのアクセスを、あなたの立場なら与えてあげることができるのです。あなたは部下の目となり耳となって、彼女の熱意と成長を助けるための新しい機会を発見することができます。もちろん、すべてのチャンスがうまく行くわけではありませんが、無駄な努力ではありません。上司が自分の擁護者になってくれるほど素敵なことはありませんから。あなたが助けてくれることを、部下はありがたいと思うでしょう。

部下に新しい役割を与えることが、すべて成長の機会になるわけではないということも覚えておいてください。彼女には、まだ次のステップに進む準備ができていないかもしれないし、次のステップで何をすべきかさえ分かっていないかもしれません。

あなたの部署内や部署外で、何かサイドプロジェクトを与えてみると、将来新しい役割に就くために必要なスキルと認知度を高めることができるかもしれません。ヒエラルキーがフラットで、各ポジションの競争が激しいところでは、本来の役割以外の計画は、後日、募集があるかもしれないポジションへのよい「導入」になるでしょう。

一対一のミーティングを行うことも考えましょう。従来のオフィスでは興味のある人とランチを一緒にする機会があります。リモートワークでは、こうしたつながりを短い一対一のビデオ通話で得ることができます。このようなミーティングは、あなたの部下を、おもしろそうな部署のだれかとつないだり、部門の枠を越えた仕事を完了させたり、ただ単に同じような役割の人と情報交換をして成長するための、よい機会となるでしょう。

部下が成長する機会を確保するためには、時間と創造性と、時にはだれかに頼みごとをすることも必要になるかもしれませんので、できるだけ効率的に行うのがよいでしょう。例えば、本当はビジネスインテリジェンス・チームでデータの扱いについて学びたいと思っている部下を、短期間コールセンターに配置したりしても意味がありません。

まず部下と話し合いましょう。彼女の現在の役割での強みと弱みについては分かっているつもりでも、彼女が次に何を学んだり、どんなことを探求したいと思っているかを憶測することはできません。あるタスクに長けているからと言って、それがその人のやりたいこととは限りません。

部下との会話は、直接的かつ明確に行いましょう。他のポストに移りたいと思っているのでしょうか？　どんな役割ですか？　そのポストに応募する自信をつけるために、どんな経験が必要でしょうか？　だれもが別のポストへの異動を願っているわけではありません。

あなたの部下が今の仕事が得意で、ずっとそのポジションにいたいと思っているのなら、あなたはみんなにうらやまれる上司でしょう。その場合、その部下に必要なのは、停滞感を感じないように、時折、本来の役割以外の計画を立ててもらうことです。あるいは、今の仕事に使う特定のプログラムのスキルを高めたいかもしれません。いずれにせよ、本人に尋ねてみないと分からないものです。

それに、部下の答えは変わることもあります。会社が現在のビジネスの傾向に合わせて進化していくように、部下の希望も時間の経過とともに変化していくことがあるでしょう。会社に新しい部署ができたり、会社が買収した企業に部下が興味を示すかもしれません。

サイドプロジェクトが長期化して、部下はそれにもっと時間を割きたいと考えているかもしれません。定期的に成長をチェックするようにしておけば、彼らがその時々に考えていることをすぐに知ることができます。こうして部下の成長のよきパートナーとなれます。成長について話し合う長くて詳しいミーティングをする必要はありませんが、前もってミーティングを計画してカレンダーに書いておくというマネジャーも多くいます。そうしなければ、日々の緊急事態に押し流されて、もう実現できなくなってしまうでしょう。

部下があなたと将来のキャリアパスについて、安心して話せるようにしましょう。企業文化が不健全な会社から転職してきた社員の中には、上司とキャリアアップについて話すことは、今の仕事が嫌いだと思われるのではないかと考える人もいます。ここは安心して話せる場所だということを示す最もよい方法は、これまでに別のプロジェクトや新しいチャンスを得た人たちについて、肯定的に話すことです。あなた自身の成長の経験を共有して、彼らにも同じことを勧めてもよいでしょう。あなたの行動は（言葉以上に）物語ります。

社員の成長のパートナーになるには、時間と努力が必要です。彼らが何を望んでいるかを知り、彼らの成長を助けるための機会を探さなければならないからです。しかし、この努力は、これから長きにわたって会社に利益をもたらしてくれる熱意のある社員を生み出すためにも、有効な時間の使い方だと言えます。

だれをどう雇えばよいのでしょう

だれもがリモートワークで成功するわけではありません。それは性格の適合性の問題であって、どんなに優れた新人研修《オンボーディング》プログラムも候補者の性格を変えることはできません。新人研修の段階に進む候補者は、仕事に対してだけでなく、リモートワーカーとしても成功する可能性の最も高い人たちであることが重要です。

リモートワークの仕事に応募した人が、自動的によいリモートワーカーになるとは限りません。採用担当者のあなたが、面接で正しい質問をすることが肝心です。さもなくば、離職率が高くなったり、仕事に留まってはいても苦痛を感じている社員のサポートに余分な時間を割かなくてはならなくなります。

リモートワークで成功するためには、テクノロジーの専門家である必要はありませんが、一定レベルの精通度と、オンラインでの仕事を容易に学べることが必要です。採用担当のマネジャーとしてリモートワークのポジションの採用に際して、こうしたことを考慮する必要があります。もし、テクノロジーを安心して使えるかどうかを確認せずに雇ってしまうと、特定の業務だけでなく、リモートの環境で機能するための基本的なことに至るまで、トレーニングをしなくてはならないリスクが生じます。

リモートでの仕事を学べない人や、学ぼうとしない人を雇ってしまう問題の他にも、リモートワークのマネジメントにはすでに多くの課題があります。応募者の技術的なスキルを見極める際のポイントは、SNSなどに定期的に投稿していることと、オンラインで効果的にコミュニケーションができることとは、違うということです。

リモートワーカーに必要とされているのは、メールを効果的に管理したり、人とコラボレートして共有文書をつくったり、技術面の基本的なトラブルの解決に慣れていることなどです。

2015年3月、私は新しいポジションに就きました。5ヵ月の間に、全国規模のアンバサダー・プログラムを開発して立ち上げるという、非常に困難な目標が設定されていました。まだ存在していない私のチームに、短期間にとてつもない分量の仕事をしてもらわなければなりません。しかも、リモートワークを通してです。

チームを雇い入れる面接は、できる限り客観的に判断すること、そして候補者の人間性だけでなく、経験や視点や自己認識力、それから変化への対応力のレベル、さらには、グループ全体のダイナミクスも考慮して行わなければなりませんでした。どんなチームが私にとって素晴らしいチームなのかを決めるために私は質問事項をまとめました。そして各候補者とのビデオ面接でその質問をして、彼らの回答と私の観察したことを事細かに書き記しました。候補者の自律心と才能だけでなく、この任務とビジョンに対する熱心さにも焦点を当てました。

最終的に私は、8人のマネジャーと2人のリクルーターによる最高のチームをつくることができました。彼らは私たちの共通目標に向かって精力的に働いてくれました。毎週グーグルハングアウトを使って何度もミーティングをし、スカイプでグループチャットをしながら、仕事の目標だけでなく個人的にも連帯感を持てるようにしたことで、求めていた信頼感と人間関係を構築することができました。

採用プロセスを開始して4ヵ月後には、私たちは、1回目のトレーニングセッションを起動することができました。

——ケイティ・スタンフィールド

しかしこれは、優秀な候補者を、会社で今使用している特定のプログラムをその人が使っていないというだけの理由で、採用を見合わせるべきだということではありません。過去に知識のギャップをどのように埋めてきたかを尋ねてみましょう。

候補者が、関連する分野ですぐに習熟した実績があるのなら、自信を持って雇い入れる十分な理由になるかもしれません。もちろん、新しい雇用者をトレーニングするのにどれだけの時間が割けるかも念頭に置いておきましょう。

技術に精通していることも重要な採用基準ですが、それ以上に考慮すべきなのは、候補者の自発性です。あなたが雇うかもしれない候補者は、家で一人で、新しい仕事と、たぶん彼らにとっての新しい働き方に慣れる努力をするようになります。新人研修《オンボーディング》のほとんどの間は、あなたやトレーナーや同僚と緊密に作業をすることはまちがいありませんが、その後は一人で解決し仕事をしていかなくてはなりません。

オープンプランのオフィス環境に慣れている人は、家で一人で働くことがつらいかもしれません。それに、その人が苦しんだりまちがった方向に進んだりしていても、リモートワークではなかなか気づくことができません。ですから、助けが必要だと思ったら声を上げられるタイプの人でなければなりません。

また、いつも人に聞くだけでなく、自分で解決や手順を探すことを厭わない人でなくてはなりません。リモート環境の特性上、助けてくれる人をいつも見つけられるわけではありませんから、自分で解決できる人を雇わなくてはならないのです。ですから、自分のことは自分でできる人かどうかが、カギとなります。

リモートワーカーは、自発性に加えて、洗練された対人スキルと、高い感情知能の持ち主でなくてはなりません。ほとんどのやり取りはなんらかの文書を通じて行われるので、一緒に働く人たちとのコミュニケーションでは、文章のトーンや意図をくみ取るために、感情知能がより重要になるのです。

こうしたことをすべて考慮しても、電話面接だけでは実際には十分ではありません。候補者の適性を見極めるためには、できるだけ多くの情報が必要ですが、相手を見ずに行うのは困難です。候補者の中にはビデオ通話に慣れている人もそうでない人もいるでしょう。慣れていない候補者なら、新しいスキルを学ぶ様子や、フィードバックの受け止め方を見ることができて、かえって絶好の機会になるかもしれません。

ビデオ面接が重要なように、候補者とのメールのやり取りにも注目しましょう。あなたへのメールの書き方がカジュアルすぎるのは、リモートワークの多くの状況で求められるフォーマルさのレベルを理解していないことを表す、赤信号となるかもしれません。先々、クライアントや利害関係者とのやり取りで問題を起こして、ビジネスに悪い影響を与えることになりかねません。

面接で適切な質問をし、候補者について理解する能力は、すべての採用担当のマネジャーにとって重要なスキルですが、リモートワークの社員を雇う場合は、そのマネジャーの能力をさらに次のレベルまで高めなくてはなりません。技術的な知識と、主導性をどのように過去に発揮したかを尋ねるだけでなく、ビデオとメールを通じたやり取りを慎重に分析することによって、特定のポジションだけでなく、リモートワーク一般においても成功できる可能性の最も高い人材を見極めることができます。

リモートワークに適した人はたくさんいます。本書ではリモートワーク経験者が苦労して得た知識をたくさん紹介してきました。こうした知識を応用していけば、すぐにあなたも、あなたのチームも、これまでリモートワーク以外の働き方をしていたことが信じられなくなるでしょう。

著者紹介

テレサ・ダグラス（Teresa Douglas）

2010年より、リモートワークの様々な管理職に就いてきた。サラ・ローレンス大学で創作文学の修士号、ノース・カロライナ大学チャペルヒルでMBAを取得。現在、カナダ、ブリティッシュコロンビア州のバンクーバー在住。

ホリー・ゴードン（Holly Gordon）

コミュニケーションの専門家として2010年よりリモートワークを行ってきた。ワシントン大学でジャーナリズムの学士号と編集の修了証書を取得。米国ワシントン州のシアトル在住。

マイク・ウェバー（Mike Webber）

2008年よりフリーランスのライターとしてリモートワークをしてきた。日本、カナダ、米国にて、業界大手の企業3社で管理職を経験。カナダ、ブリティッシュコロンビア州のバンクーバー郊外在住。

訳者紹介

上田勢子（うえだ・せいこ）

慶應義塾大学文学部社会学科卒。1979年より米国カリフォルニア州在住。『リモートワーク――チームが結束する次世代型メソッド』『イラスト版子どもの認知行動療法』全10巻、『見えない性的指向 アセクシュアルのすべて』、『家庭で育むしなやかマインドセット』（以上、明石書店）、『10代のためのマインドフルネストレーニング』『10代のための実行機能トレーニング』（共に合同出版）など、児童書や一般書の翻訳を多く手掛ける。

リモートワーク・ビギナーズ
――不安を取り除くための7つのヒント

二〇二〇年九月二五日　初版第一刷発行

著　者――テレサ・ダグラス
　　　　　ホリー・ゴードン
　　　　　マイク・ウェバー
訳　者――上田勢子
発行者――大江道雅
発行所――株式会社 明石書店
　　　　　一〇一-〇〇二一　東京都千代田区外神田六-九-五
　　　　　電　話　〇三-五八一八-一一七一
　　　　　ＦＡＸ　〇三-五八一八-一一七四
　　　　　振　替　〇〇一〇〇-七-二四五〇五
　　　　　http://www.akashi.co.jp
装　丁――清水肇（prigraphics）
印刷／製本――モリモト印刷株式会社
ISBN 978-4-7503-5064-6

（定価はカバーに表示してあります）

リモートワーク チームが結束する次世代型メソッド
リセット・サザーランド、カースティン・ジャニーン=ネルソン著
ヨーガン・アペロ序文　上田勢子、山岡希美訳
◎2500円

家庭で育む　しなやかマインドセット
能力や素質を成長させるシンプルなシステム
メアリー・ケイ・リッチ、マーガレット・リー著　上田勢子訳
◎2000円

見えない性的指向　アセクシュアルのすべて
誰にも性的魅力を感じない私たちについて
ジュリー・ソンドラ・デッカー著　上田勢子訳
◎2300円

不平等と再分配の経済学 格差縮小に向けた財政政策
トマ・ピケティ著　尾上修悟訳
◎2400円

在野研究ビギナーズ 勝手にはじめる研究生活
荒木優太編著
◎1800円

変わりゆくEU 永遠平和のプロジェクトの行方
臼井陽一郎編著
◎2800円

世界のAI戦略 各国が描く未来創造のビジョン
マルチメディア振興センター編
◎3500円

デジタル時代に向けた幼児教育・保育 人生初期の学びと育ちを支援する
アンドレアス・シュライヒャー著
経済協力開発機構（OECD）編　一見真理子、星三和子訳
◎2500円

GDPを超える幸福の経済学 社会の進歩を測る
ジョセフ・E・スティグリッツほか編著
経済協力開発機構（OECD）編　西村美由起訳
◎5400円

高齢社会日本の働き方改革 生涯を通じたより良い働き方に向けて
経済協力開発機構（OECD）編著　井上裕介訳
◎3500円

OECD幸福度白書4 より良い暮らし指標：生活向上と社会進歩の国際比較
OECD編著　西村美由起訳
◎6800円

信頼を測る OECDガイドライン
経済協力開発機構（OECD）編
桑原進監訳　高橋しのぶ訳
◎5400円

環境ナッジの経済学 行動変容を促すインサイト
経済協力開発機構（OECD）編著
齋藤長行監訳　濱田久美子訳
◎3500円

全国データ　SDGsと日本 誰も取り残されないための人間の安全保障指標
NPO法人「人間の安全保障」フォーラム編
高須幸雄編著
◎3000円

国際的な人の移動の経済学
佐伯康考著
◎3600円

オフショア化する世界 人・モノ・金が逃げ込む「闇の空間」とは何か？
ジョン・アーリ著　須藤廣、濱野健監訳
◎2800円

〈価格は本体価格です〉